KUHARICA ANTIPASTO RUČNE IZRADE SALATE

100 inspiracija za antipasto salatu s obala Italije, Grčke i šire

Leona Franić

Materijal autorskih prava ©2024

Sva prava pridržana

Nijedan dio ove knjige ne smije se koristiti ili prenositi u bilo kojem obliku ili na bilo koji način bez odgovarajućeg pisanog pristanka izdavača i vlasnika autorskih prava, osim kratkih citata korištenih u recenziji. Ovu knjigu ne treba smatrati zamjenom za medicinske, pravne ili druge stručne savjete.

SADRŽAJ

SADRŽAJ **3**
UVOD **6**
SALATE OD RIBE I PLODOVA MORA **7**
   1. ANTIPASTO SALATA OD TUNE 8
   2. MEDITERANSKA SALATA OD ANTIPASTA OD TUNE 10
   3. MEDITERANSKA SALATA OD ANTIPASTA OD PLODOVA MORA 12
   4. TALIJANSKA ANTIPASTO SALATA OD ŠKAMPA I JAKOBOVE KAPICE 14
   5. SALATA OD DIMLJENOG LOSOSA I ANTIPASTA OD AVOKADA 16
   6. SALATA OD HOBOTNICE I KRUMPIRA NA ŽARU 18
SALATE OD POVRĆA **20**
   7. TALIJANSKA ZDJELA ZA SALATU OD ANTIPASTA 21
   8. SALATA OD ANTIPASTA OD POVRĆA NA ŽARU 23
   9. SVJEŽA VRTNA ANTIPASTO SALATA 25
   10. SALATA OD ANTIPASTA NADAHNUTA GRČKOM 27
   11. CAPRESE SALATA OD ANTIPASTA 29
SUHOMESNATE SALATE **31**
   12. TOSKANSKA ANTIPASTO SALATA 32
   13. PARTY ANTIPASTO SALATA 34
   14. ANTIPASTO PREDJELO PLOČA SA SIROM 36
   15. WONTON SALATA OD PREDJELA 38
   16. ŠPANJOLSKA CHORIZO I MANCHEGO ANTIPASTO SALATA 40
   17. FRANCUSKA SALATA OD MESNATIH ANTIPASTA 42
   18. SALATA OD SUHOMESNATIH ANTIPASTA INSPIRIRANA GRČKIM JEZIKOM 44
   19. SALATA OD RUSTIKALNIH MESNATIH ANTIPASTA 46
   20. ANTIPASTO SALATA S DINJOM UMOTANOM U PRŠUT 48
SALATE OD TJESTENINE **50**
   21. OŠTAR SALATA S ČEDAROM I FUSILLI 51
   22. TALIJANSKA HLADNA SALATA OD TJESTENINE SA SALAMOM ... 53
   23. HLADNA SALATA OD PURETINE I BRUSNICE 55
   24. HLADNA SALATA OD TJESTENINE SA ŠUNKOM I ČEDAROM 57
   25. PILEĆA CEZAR HLADNA SALATA OD TJESTENINE 59
   26. GRČKA SALATA OD ORZO TJESTENINE S GYRO MESOM 61
   27. SALATA OD PEČENE GOVEDINE I CHEDDAR TJESTENINE 63
   28. BACON RANCH HLADNA PILEĆA SALATA OD TJESTENINE 65
   29. TALIJANSKA ANTIPASTO SALATA OD TJESTENINE 67
   30. SALATA OD DIMLJENE PURETINE I TJESTENINE OD AVOKADA 69
   31. SALATA OD PEČENE KOBASICE I TJESTENINE OD POVRĆA 71
   32. HLADNA SALATA OD ŠKAMPA I AVOKADA OD TJESTENINE 73
   33. PASTRAMI I ŠVICARSKA HLADNA SALATA OD TJESTENINE 75
   34. HLADNA SALATA OD TUNJEVINE I BIJELOG GRAHA 77

35. B BQ salata od tjestenine s piletinom i kukuruzom 79
36. Salata od talijanske kobasice i tjestenine s paprikom 81
37. Salata od tjestenine Copycat Ruby Tuesday 83
38. Pepperoni rotini salata od sira 85
39. Gorgonzola salata od tjestenine 87
40. Salata od tjestenine Romano Linguine 89
41. Minty feta i orzo salata 91
42. Orašasta gorgonzola salata od tjestenine 93
43. Salata od svježe tjestenine s limunom 95
44. Tortelini salata od tri sira 97
45. Penne salata od pesta i sušenih rajčica 99
46. Salata od tjestenine s leptir mašnom i brokulom 101
47. Salata od tofua i rezanaca sa sezamom na žaru 103
48. Salata od tjestenine od jakobovih kapica i šparoga na žaru 105
49. Salata od tjestenine od tune i artičoke 107
50. Salata od tjestenine sa kozicama i avokadom 109
51. Salata od tjestenine s dimljenim lososom i koprom 111
52. Salata od tjestenine od rakova i manga 113
53. Salata od tjestenine s tropskim voćem i škampima 115
54. Salata od bobica i feta tjestenine 117
55. Salata od tjestenine s citrusima i avokadom 119
56. Salata od lubenice i feta tjestenine 121
57. Salata od tjestenine s mangom i crnim grahom 123
58. Salata s tjesteninom od jabuka i oraha 125
59. Salata s tjesteninom od ananasa i šunke 127
60. Salata od tjestenine s citrusnim bobicama 129
61. Salata od kivija, jagoda i tjestenine Rotini 131
62. Salsa od manga sa Farfalle salatom od tjestenine 133
63. Salata od tjestenine od breskve i pršuta 135
64. Salata s tjesteninom od borovnica i kozjeg sira 137
65. Salata od špinata, graška, malina i spiralne tjestenine 139
66. Salata s tjesteninom od mandarine i badema 141
67. Salata od tjestenine od jakobovih kapica i šparoga 143
68. Limun češnjak škampi i Orzo salata 145
69. Fusilli od češnjaka i gljiva sa salatom od krušaka 147
70. Mediteranska salata od tjestenine s povrćem 149
71. Pesto vegetarijanska spiralna salata od tjestenine 151
72. Rainbow vegegie salata od tjestenine 153
73. Azijska salata s rezancima od povrća i sezama 155
74. Grčka orzo salata od povrća 157
75. Salata od pečenog povrća i tjestenine od slanutka 159
76. Hladna salata od špinata i artičoke 161
77. Tajlandska salata s rezancima od kikirikija i povrća 163
78. Cezar vegetarijanska salata od tjestenine 165

79. Salata od tjestenine s jastogom i mangom 167
80. Mediteranska Tzatziki salata od tjestenine sa škampima 169
81. Salata od tjestenine sa kozicama i cherry rajčicama 171
82. Salata od orašaste tune i tjestenine 174
83. Pileći meksici & farfalle salata 176
84. Kremasta Penn salata od tjestenine 178
85. Salata od fete i pečene puretine 180
86. Orašasta pileća salata od tjestenine 182
87. Pileća Cezar salata od tjestenine 184
88. Salata od tjestenine s puretinom i brusnicama 186
89. Salata od tjestenine s piletinom na žaru i limunskim biljem 188
90. Ranch salata od tjestenine s piletinom i slaninom 190
91. Curry salata od tjestenine s piletinom i mangom 192
92. Grčka piletina i Orzo salata 194
93. Salata s tjesteninom od piletine i crnog graha 196
94. Mango curry pileća salata od tjestenine 198
95. Caprese salata od tjestenine s piletinom i pestom 200
96. Azijska salata s pilećim rezancima i sezamom 202
97. Salata od puretine i tjestenine sa začinskim biljem i šparogama 204
98. Salata od tjestenine s pestom od piletine i brokule 206
99. Salata od tjestenine s piletinom Buffalo 208
100. Salata od tjestenine s piletinom od brusnica i oraha 210

ZAKLJUČAK 212

UVOD

Dobro došli u "KUHARICA ANTIPASTO RUČNE IZRADE SALATE: 100 inspiracija za antipasto salate s obala Italije, Grčke i šire." Antipasto salate slavlje su mediteranskih okusa, kombinirajući svježe sastojke, živopisne boje i odvažne okuse za stvaranje kulinarskog iskustva koje je i zadovoljavajuće i osvježavajuće. U ovoj kuharici pozivamo vas da krenete na putovanje kroz obalne regije Italije, Grčke i šire, istražujući bogatu tapiseriju okusa koji definiraju ovo omiljeno jelo.

Potječući od talijanskih riječi "anti" (prije) i "pasto" (jelo), antipasto se tradicionalno odnosi na izbor malih predjela koja se poslužuju prije glavnog jela. Međutim, posljednjih godina koncept je evoluirao i uključuje razne salate koje prikazuju najbolje sastojke mediteranske smočnice. Od pikantnih maslina i kremastih sireva do slanih suhomesnatih proizvoda i hrskavog povrća, antipasto salate nude simfoniju okusa i tekstura koja je jednako zadovoljavajuća koliko i ukusna.

U ovoj kuharici pronaći ćete raznoliku lepezu inspiracija za salate od predjela koje crpe inspiraciju iz kulinarskih tradicija Italije, Grčke i šire. Svaki recept pažljivo je osmišljen kako bi istaknuo jedinstvene okuse i sastojke svoje regije, nudeći okus suncem okupanih obala i živahnih tržnica koje nadahnjuju mediteransku kuhinju.

Bilo da pripremate ljetni roštilj, spremate piknik za plažu ili jednostavno žudite za laganim i osvježavajućim obrokom, recepti u ovoj kuharici zasigurno će oduševiti vaše nepce i svakim zalogajem vas odvesti u daleke zemlje. Stoga zgrabite svoju pregaču i pripremite se za ulazak u kulinarsku avanturu koja slavi umjetnost salata od predjela i živopisne okuse Mediterana.

SALATE OD RIBE I PLODOVA MORA

1. Antipasto salata od tune

SASTOJCI:
- 1/2 šalice običnog jogurta
- 1/3 šalice majoneze
- 1/4 šalice nasjeckanog bosiljka
- 1/4 žličice papra
- 1/2 engleskog krastavca
- 1 paprika babura
- 2 šalice cherry rajčice; prepolovljena
- 1 1/2 šalice bocconcini bisera
- 1/2 šalice zelenih maslina s pimentom
- 2 žlice ocijeđene i nasjeckane ukiseljene ljute papričice
- 2 konzerve komadića tunjevine, ocijeđene
- Zelena salata

UPUTE:
a) U velikoj zdjeli pomiješajte jogurt, majonezu, bosiljak i papar.
b) Temeljito promiješajte.
c) Dodajte krastavac, papriku, rajčicu, bocconcini, masline i feferone.
d) Baciti na kaput.
e) Vilicom nježno umiješajte tunjevinu ostavljajući je u komadićima veličine zalogaja.
f) Poslužite na vrhu zelenila.

2.Mediteranska salata od antipasta od tune

SASTOJCI:
- 1 konzerva graha (slanutak, crni grašak ili cannellini grah), ispran
- 2 konzerve ili pakiranja komadića svijetle tune pune vode, ocijeđene i u ljuskicama
- 1 velika crvena paprika, sitno narezana
- 1/2 šalice sitno nasjeckanog crvenog luka
- 1/2 šalice nasjeckanog svježeg peršina, podijeljenog
- 4 žličice kapara, opranih
- 1 1/2 žličice sitno nasjeckanog svježeg ružmarina
- 1/2 šalice limunovog soka, podijeljeno
- 4 žlice ekstra djevičanskog maslinovog ulja, podijeljene
- Svježe mljeveni papar po ukusu
- 1/4 žličice soli
- 8 šalica miješane zelene salate

UPUTE:
a) Pomiješajte grah, tunu, papriku, luk, peršin, kapare, ružmarin, 1/4 šalice limunovog soka i 2 žlice ulja u srednjoj posudi.
b) Začinite paprom.
c) Pomiješajte preostalu 1/4 šalice limunovog soka, 2 žlice ulja i sol u velikoj zdjeli.
d) Dodajte zelenu salatu; baciti na kaput.
e) Podijelite zelje na 4 tanjura i na svaki stavite salatu od tune.

3.Mediteranska salata od antipasta od plodova mora

SASTOJCI:
- 1 šalica kuhanih i ohlađenih škampa, oguljenih i očišćenih
- 1 šalica mariniranih srca artičoka, narezana na četvrtine
- 1/2 šalice kolutova lignji, kuhanih i ohlađenih
- 1/2 šalice hobotnice, kuhane i narezane na komade veličine zalogaja
- 1/2 šalice cherry rajčica, prepolovljenih
- 1/4 šalice crnih maslina bez koštica
- 1/4 šalice zelenih maslina bez koštica
- 1/4 šalice pečene crvene paprike, narezane na ploške
- 1/4 šalice tanko narezanog crvenog luka
- 2 žlice kapara, ocijeđenih
- Svježi peršin, nasjeckani (za ukras)
- kriške limuna (za posluživanje)

ZAVOJ:
- 1/4 šalice ekstra djevičanskog maslinovog ulja
- 2 žlice crvenog vinskog octa
- 1 žličica Dijon senfa
- 1 češanj češnjaka, samljeven
- Posolite i popaprite po ukusu
- Prstohvat sušenog origana

UPUTE:
a) U velikoj zdjeli za miješanje pomiješajte škampe, srca artičoka, lignje, hobotnicu, cherry rajčice, crne i zelene masline, pečenu crvenu papriku, crveni luk i kapare.
b) U maloj zdjeli pomiješajte maslinovo ulje, crveni vinski ocat, Dijon senf, mljeveni češnjak, sol, papar i origano kako biste napravili preljev.
c) Prelijte preljev preko mješavine plodova mora i lagano promiješajte da se ravnomjerno prekrije.
d) Ostavite u hladnjaku najmanje 30 minuta kako bi se okusi stopili.
e) Poslužite ohlađeno, ukrašeno svježim peršinom i popraćeno kriškama limuna.

4. Talijanska antipasto salata od škampa i jakobove kapice

SASTOJCI:
- 1 šalica kuhanih i ohlađenih škampa, oguljenih i očišćenih
- 1 šalica kuhanih i ohlađenih jakobovih kapica, prepolovljenih ako su velike
- 1 šalica krastavca narezanog na kockice
- 1/2 šalice prepolovljenih cherry rajčica
- 1/2 šalice tanko narezane lukovice komorača
- 1/4 šalice narezanih rotkvica
- 1/4 šalice crvenog luka, tanko narezanog
- Svježi listovi bosiljka, natrgani (za ukras)

ZAVOJ:
- 1/4 šalice ekstra djevičanskog maslinovog ulja
- 2 žlice soka od limuna
- 1 žličica meda
- 1 mali češanj češnjaka, samljeven
- Sol i mljeveni crni papar po ukusu
- Korica od 1 limuna

UPUTE:
a) U velikoj zdjeli za salatu pomiješajte škampe, jakobove kapice, krastavce, cherry rajčice, komorač, rotkvice i crveni luk.
b) U maloj posudi pomiješajte maslinovo ulje, limunov sok, med, češnjak, sol, papar i koricu limuna kako biste napravili preljev.
c) Prelijte preljev preko mješavine plodova mora i povrća, lagano promiješajte da se sjedini.
d) Ostavite salatu da se ohladi u hladnjaku oko 20 minuta prije posluživanja.
e) Ukrasite svježim bosiljkom neposredno prije posluživanja.

5. Salata od dimljenog lososa i antipasta od avokada

SASTOJCI:
- 2 šalice miješanog povrća (kao što su rikula i špinat)
- 4 oz dimljenog lososa, tanko narezanog
- 1 avokado, narezan
- 1/2 krastavca, narezanog na vrpce
- 1/4 šalice crvenog luka, tanko narezanog
- 2 žlice kapara, ocijeđenih
- Svježi kopar za ukras

UPUTE:
a) Rasporedite miješano zelje na pladanj ili u veliku zdjelu kao temelj vaše salate.
b) Na vrh stavite kriške dimljenog lososa, kriške avokada, vrpce krastavca, crveni luk i kapar.
c) U maloj posudi pomiješajte maslinovo ulje, limunov sok, med, sol i papar kako biste napravili preljev.
d) Prelijte preljev preko salate neposredno prije posluživanja.
e) Ukrasite svježim koprom. Poslužite odmah kako biste uživali u svježim okusima.

6.Salata od hobotnice i krumpira na žaru

SASTOJCI:
- Hobotnica od 1 lb, očišćena i prethodno kuhana dok ne omekša
- 1 lb malih krumpira, kuhati dok ne omekšaju i prepoloviti
- 1/4 šalice ekstra djevičanskog maslinovog ulja, plus ekstra za roštiljanje
- 1/2 limuna, iscijeđenog soka
- 2 režnja češnjaka, mljevena
- 1 žličica dimljene paprike
- 1/4 šalice nasjeckanog peršina
- Sol i svježe mljeveni crni papar po ukusu

UPUTE:
a) Prethodno zagrijte roštilj na srednje jaku temperaturu. Prethodno skuhanu hobotnicu prelijte s malo maslinova ulja, soli i papra.
b) Pecite hobotnicu na roštilju oko 2-3 minute sa svake strane, dok ne pougljeni i postane hrskava. Pustite da se malo ohladi, a zatim narežite na komade veličine zalogaja.
c) U velikoj zdjeli pomiješajte pečenu hobotnicu, kuhani krumpir, maslinovo ulje, limunov sok, mljeveni češnjak, dimljenu papriku i peršin. Promiješajte da se sjedini.
d) Začinite solju i paprom po ukusu.
e) Salatu poslužite toplu ili na sobnoj temperaturi, po želji ukrašenu dodatnim peršinom.

SALATE OD POVRĆA

7.Talijanska zdjela za salatu od antipasta

SASTOJCI:
- 6 unci srca artičoke
- 8-3/4 unce limenke garbanzo graha, ocijeđenog
- 8-3/4 unce limenke crvenog graha, ocijeđenog
- 6-1/2 unce limenke zapaljene tune u vodi, ocijeđene i naljuštene
- 1/2 slatkog crvenog luka sitno narezanog
- 3 žlice talijanskog preljeva za salatu
- 1/2 šalice celera, tanko narezanog
- 6 šalica miješane zelene salate
- 2 unce inćuna, ocijeđenih
- 3 unce suhe salame, narezane na tanke trake
- 2 unce sira Fontina, izrezanog na kockice
- Ukiseljene crvene i zelene paprike za ukras

UPUTE:
a) Pomiješajte artičoke i marinadu s grahom, tunom, lukom i 2 žlice preljeva u boci.
b) Pokrijte i ostavite u hladnjaku 1 sat ili duže da se okusi prožmu.
c) U velikoj zdjeli za salatu lagano pomiješajte mariniranu smjesu sa celerom i zelenom salatom.
d) Po potrebi umiješajte još malo preljeva iz boce.
e) Po vrhu rasporedite inćune, salamu i sir, pa ukrasite paprikom. Poslužite odmah.

8.Salata od antipasta od povrća na žaru

SASTOJCI:
- 2 srednje tikvice, narezane po dužini
- 2 paprike (raznih boja), prepolovljene i očišćene od sjemenki
- 1 veći patlidžan, narezan na kolutiće
- 1 glavica crvenog luka narezana na deblje kolutove
- 1 šalica cherry rajčica
- 1/4 šalice svježeg lišća bosiljka, natrganog
- 1/4 šalice Kalamata maslina, bez koštica i prepolovljenih
- 2 žlice kapara, ocijeđenih
- Sol i crni papar po ukusu
- Ekstra djevičansko maslinovo ulje, za roštiljanje

ZAVOJ:
- 1/4 šalice ekstra djevičanskog maslinovog ulja
- 2 žlice balzamičnog octa
- 1 češanj češnjaka, samljeven
- 1 žličica Dijon senfa
- Sol i svježe mljeveni crni papar po ukusu

UPUTE:
a) Zagrijte roštilj na srednje jaku temperaturu.
b) Premažite povrće maslinovim uljem i začinite solju i paprom.
c) Pecite povrće dok ne omekša i lagano se zapeče, oko 4-5 minuta sa svake strane za tikvice, paprike i patlidžane i oko 2-3 minute za kolutiće luka.
d) Povrće izvadite iz roštilja i ostavite da se malo ohladi. Zatim ih nasjeckajte na komadiće veličine zalogaja.
e) U velikoj zdjeli pomiješajte grilano povrće, cherry rajčice, natrgane listove bosiljka, masline i kapare.
f) U maloj posudi pomiješajte maslinovo ulje, balzamični ocat, mljeveni češnjak, dijon senf, sol i papar kako biste napravili preljev.
g) Prelijte preljev preko salate i lagano promiješajte da se prekrije.
h) Poslužite na sobnoj temperaturi ili ohlađeno, po želji ukrašeno dodatnim listićima bosiljka.

9.Svježa vrtna antipasto salata

SASTOJCI:

- 2 šalice miješane zelene salate (poput rikule, špinata i zelene salate)
- 1 šalica cherry rajčica, prepolovljenih
- 1 šalica krastavca, narezanog na kockice
- 1 šalica paprike (raznih boja), narezane na kockice
- 1/2 šalice crvenog luka, tanko narezanog
- 1/4 šalice zelenih maslina bez koštica, prepolovljenih
- 1/4 šalice izmrvljenog feta sira
- 2 žlice nasjeckanog svježeg bosiljka
- Sol i crni papar po ukusu

UPUTE:

a) U velikoj zdjeli za salatu pomiješajte miješanu zelenu salatu, cherry rajčice, krastavac narezan na kockice, papriku narezanu na kockice, crveni luk narezan na tanke ploške i prepolovljene zelene masline.
b) Po salati pospite izmrvljeni feta sir.
c) Na vrh dodajte nasjeckani svježi bosiljak.
d) Začinite solju i crnim paprom po ukusu.
e) Lagano promiješajte da se svi sastojci sjedine i okusi ravnomjerno rasporede.
f) Poslužite odmah kao osvježavajuće i živahno predjelo ili prilog. Uživajte u svježem okusu vrta u svakom zalogaju!

10.Salata od antipasta nadahnuta Grčkom

SASTOJCI:
- 1 šalica cherry rajčica, prepolovljenih
- 1 krastavac, narezan na kockice
- 1 paprika (bilo koje boje), narezana na kockice
- 1 šalica Kalamata maslina bez koštica
- 1/2 šalice crvenog luka, tanko narezanog
- 1 šalica feta sira, izmrvljenog
- 1/4 šalice svježeg peršina, nasjeckanog
- 1/4 šalice ekstra djevičanskog maslinovog ulja
- 2 žlice crvenog vinskog octa
- 1 žličica sušenog origana
- Posolite i popaprite po ukusu

UPUTE:
a) U velikoj zdjeli pomiješajte cherry rajčice, krastavac, papriku, masline, crveni luk, feta sir i peršin.
b) U maloj zdjeli pomiješajte maslinovo ulje, crveni vinski ocat, sušeni origano, sol i papar kako biste napravili preljev.
c) Prelijte preljev preko salate i lagano promiješajte da se prekrije.
d) Poslužite odmah ili ohladite u hladnjaku oko 30 minuta kako bi se okusi stopili.

11.Caprese salata od antipasta

SASTOJCI:
- 2 šalice cherry rajčica, prepolovljenih
- 2 šalice mini mozzarella kuglica (bocconcini)
- 1/4 šalice svježeg lišća bosiljka, natrganog
- 2 žlice ekstra djevičanskog maslinovog ulja
- 1 žlica balzamičnog octa
- Posolite i popaprite po ukusu

UPUTE:
a) U velikoj zdjeli pomiješajte cherry rajčice, mini kuglice mozzarelle i natrgane listove bosiljka.
b) Salatu pokapajte maslinovim uljem i balzamičnim octom.
c) Začinite solju i paprom po ukusu.
d) Lagano promiješajte da se sjedini.
e) Poslužite odmah ili ostavite u hladnjaku do 30 minuta prije posluživanja kako bi se okusi stopili.

SUHOMESNATE SALATE

12.Toskanska antipasto salata

SASTOJCI:
- Pršut
- Salama
- Marinirana srca artičoke
- Masline (zelene i crne)
- Sušene rajčice
- Kuglice svježe mozzarelle
- Kriške kruha na žaru

UPUTE:
a) Rasporedite sve sastojke na veliki pladanj.
b) Poslužite uz pečene ploške kruha.
c) Pokapajte ekstra djevičanskim maslinovim uljem i pospite svježim začinskim biljem za dodatni okus.

13. Party antipasto salata

SASTOJCI:
- 1 limenka (16 oz.) srca artičoke; ocijeđen/prepolovljen
- 1 funta smrznutih prokulica
- ¾ funte cherry rajčice
- 1 staklenka (5 3/4 oz.) zelenih španjolskih maslina; ocijeđeno
- 1 staklenka (12 oz.) paprike pepperoncini; ocijeđeno
- 1 funta svježih gljiva; očišćeni
- 1 limenka (16 oz.) srca palme; neobavezan
- 1 funta feferona ili salame; kockast
- 1 staklenka (16 oz.) crnih maslina; ocijeđeno
- ¼ šalice Crni vinski ocat
- ¾ šalice Maslinovo ulje
- ½ žličice Šećer
- 1 čajna žličica Dijon senf
- Sol; okusiti
- Svježe mljeveni papar; okusiti

INSTRUKCIJA IONA:
a) Pomiješajte sve sastojke prije dodavanja vinaigreta.
b) Stavite u hladnjak na 24 sata.

14. Antipasto Predjelo Ploča sa sirom

SASTOJCI:
- Razni suhomesnati proizvodi (kao što su pršut, salama ili capicola)
- Razni sirevi (kao što su mozzarella, provolone ili Asiago)
- Marinirana srca artičoke
- Marinirane masline
- Pečene crvene paprike
- Grilano ili marinirano povrće (kao što su tikvice ili patlidžan)
- Razni kruh ili grisini
- Balsamic glazura ili redukcija za prelijevanje
- Svježi bosiljak ili peršin za ukras

UPUTE:
a) Rasporedite razne suhomesnate proizvode na veliku dasku ili pladanj za posluživanje.
b) Uz meso stavite razne sireve.
c) Na dasku dodajte marinirana srca artičoka, marinirane masline i pečenu crvenu papriku.
d) Uključite grilano ili marinirano povrće za dodatni okus i raznolikost.
e) Gostima ponudite raznoliki kruh ili grisine u kojima će uživati uz meso i sireve.
f) Prelijte balzamičnu glazuru ili redukciju preko sastojaka za pikantan i sladak dodir.
g) Ukrasite svježim bosiljkom ili peršinom za dodatnu svježinu i vizualnu privlačnost.
h) Poslužite i uživajte!

15. Wonton salata od predjela

SASTOJCI:
- 4 šalice miješanog zeleniša
- 1/4 šalice narezane salame
- 1/4 šalice narezanih feferona
- 1/4 šalice narezanog provolone sira
- 1/4 šalice narezane pečene crvene paprike
- 8 wonton zamotuljaka, prženih i nasjeckanih

ZAVOJ:
- 2 žlice crvenog vinskog octa
- 1 žlica maslinovog ulja
- 1 češanj češnjaka, samljeven
- Posolite i popaprite po ukusu

UPUTE:

a) U velikoj zdjeli pomiješajte miješano povrće, narezanu salamu, narezane feferone, narezani provolone sir i narezanu pečenu crvenu papriku.

b) U maloj posudi pomiješajte crveni vinski ocat, maslinovo ulje, mljeveni češnjak, sol i papar kako biste napravili preljev.

c) Prelijte preljev preko salate i promiješajte da se sjedini.

d) Povrh stavite nasjeckane pržene peciva.

e) Poslužite odmah.

16. Španjolska chorizo i manchego antipasto salata

SASTOJCI:
- 4 šalice miješane zelene salate (kao što je mladi špinat i rikula)
- 1 šalica cherry rajčica, prepolovljenih
- 1/2 šalice narezane pečene crvene paprike
- 1/4 šalice narezanih španjolskih maslina
- 1/4 šalice tanko narezanog crvenog luka
- 4 oz tanko narezanog španjolskog choriza
- 4 oz tanko narezanog Manchego sira
- 1/4 šalice prženih badema
- Sol i crni papar po ukusu

ZAVOJ:
- 1/4 šalice ekstra djevičanskog maslinovog ulja
- 2 žlice sherry octa
- 1 žličica meda
- 1 češanj češnjaka, samljeven
- Sol i svježe mljeveni crni papar po ukusu

UPUTE:
a) U velikoj zdjeli za salatu pomiješajte miješanu zelenu salatu, cherry rajčice, pečenu crvenu papriku, španjolske masline i tanko narezani crveni luk.
b) Po vrhu salate posložite tanko narezani španjolski chorizo i sir Manchego.
c) Preko salate pospite pržene bademe.
d) U maloj zdjeli pomiješajte maslinovo ulje, sherry ocat, med, mljeveni češnjak, sol i papar kako biste napravili preljev.
e) Prelijte preljev preko salate neposredno prije posluživanja.
f) Lagano promiješajte da se svi sastojci prekriju preljevom.
g) Poslužite odmah kao salatu s antipasto nadahnutom španjolskom s prekrasnom mješavinom okusa.

17. Francuska salata od mesnatih antipasta

SASTOJCI:
- 4 šalice miješane zelene salate (kao što su frisée i mâche)
- 1 šalica grožđanih rajčica, prepolovljenih
- 1/2 šalice mariniranih srca artičoka, narezanih na četvrtine
- 1/4 šalice Niçoise maslina
- 1/4 šalice tanko narezanog crvenog luka
- 4 oz tanko narezane francuske šunke (jambon)
- 4 oz tanko narezane saucisson sec (suhe kobasice)
- 1/4 šalice izmrvljenog kozjeg sira
- Sol i crni papar po ukusu

ZAVOJ:
- 1/4 šalice ekstra djevičanskog maslinovog ulja
- 2 žlice crvenog vinskog octa
- 1 žličica Dijon senfa
- 1 ljutika, mljevena
- Sol i svježe mljeveni crni papar po ukusu

UPUTE:
a) U velikoj zdjeli za salatu pomiješajte miješanu zelenu salatu, rajčice grožđa, marinirana srca artičoka, Niçoise masline i tanko narezani crveni luk.
b) Po vrhu salate posložite tanko narezanu francusku šunku i saucisson sec.
c) Po salati pospite izmrvljeni kozji sir.
d) U maloj zdjeli pomiješajte maslinovo ulje, crveni vinski ocat, dijon senf, mljevenu ljutiku, sol i papar kako biste napravili preljev.
e) Prelijte preljev preko salate neposredno prije posluživanja.
f) Lagano promiješajte da se svi sastojci prekriju preljevom.
g) Poslužite odmah kao salatu s antipasto inspiriranom Francuskom sa sofisticiranim nizom okusa.

18. Salata od suhomesnatih antipasta inspirirana grčkim jezikom

SASTOJCI:
- 4 šalice miješane zelene salate (kao što su romaine i iceberg zelena salata)
- 1 šalica cherry rajčica, prepolovljenih
- 1/2 šalice krastavca, narezanog na kockice
- 1/2 šalice crvene paprike, narezane na kockice
- 1/4 šalice crvenog luka, tanko narezanog
- 1/4 šalice Kalamata maslina bez koštica
- 4 oz tanko narezane grčke salame
- 4 oz tanko narezanog gyro mesa ili trakica piletine na žaru
- 1/4 šalice izmrvljenog feta sira
- Sol i crni papar po ukusu

ZAVOJ:
- 1/4 šalice ekstra djevičanskog maslinovog ulja
- 2 žlice crvenog vinskog octa
- 1 žličica sušenog origana
- 1 češanj češnjaka, samljeven
- Sol i svježe mljeveni crni papar po ukusu

UPUTE:
a) U velikoj zdjeli za salatu pomiješajte miješanu zelenu salatu, cherry rajčice, krastavac narezan na kockice, crvenu papriku narezanu na kockice, crveni luk narezan na tanke ploške i Kalamata masline.
b) Po salati posložite tanko narezanu grčku salamu i gyro meso ili trakice pečene piletine.
c) Po salati pospite izmrvljeni feta sir.
d) U maloj posudi pomiješajte maslinovo ulje, crveni vinski ocat, sušeni origano, mljeveni češnjak, sol i papar kako biste napravili preljev.
e) Prelijte preljev preko salate neposredno prije posluživanja.
f) Lagano promiješajte da se svi sastojci prekriju preljevom.
g) Poslužite odmah kao grčkom inspiriranu antipasto salatu s odvažnim okusima i mediteranskim štihom.

19. Salata od rustikalnih mesnatih antipasta

SASTOJCI:
- 4 šalice miješane zelene salate (kao što je mesclun mix ili mladi kelj)
- 1 šalica heriloom cherry rajčica, prepolovljena
- 1/2 šalice mariniranih srca artičoka, narezanih na četvrtine
- 1/4 šalice miješanih maslina bez koštica (kao što su zelene, crne i Kalamata)
- 1/4 šalice narezane pečene crvene paprike
- 4 oz tanko narezane coppe ili capicole
- 4 oz tanko narezane soppressate ili feferona
- 1/4 šalice naribanog parmezana
- Sol i crni papar po ukusu

ZAVOJ:
- 1/4 šalice ekstra djevičanskog maslinovog ulja
- 2 žlice balzamičnog octa
- 1 žličica meda
- 1 žličica Dijon senfa
- Sol i svježe mljeveni crni papar po ukusu

UPUTE:
a) U velikoj zdjeli za salatu pomiješajte miješanu zelenu salatu, cherry rajčice, marinirana srca artičoka, miješane masline i narezanu pečenu crvenu papriku.
b) Po vrhu salate posložite tanko narezanu coppu ili capicolu i soppressatu ili feferoni.
c) Preko salate pospite naribani parmezan.
d) U maloj zdjeli pomiješajte maslinovo ulje, balzamični ocat, med, dijon senf, sol i papar kako biste napravili preljev.
e) Prelijte preljev preko salate neposredno prije posluživanja.
f) Lagano promiješajte da se svi sastojci prekriju preljevom.
g) Poslužite odmah kao rustikalnu salatu od mesnatih predjela s robusnim okusima i daškom slatkoće iz preljeva.

20.Antipasto salata s dinjom umotanom u pršut

SASTOJCI:
- 4 šalice miješane zelene salate (kao što je zelena salata s maslacem i mladi špinat)
- 1 šalica kuglica od dinje ili dinje
- 1/2 šalice cherry rajčica, prepolovljenih
- 1/4 šalice tanko narezanog crvenog luka
- 1/4 šalice mariniranih srca artičoka, narezanih na četvrtine
- 1/4 šalice crnih maslina bez koštica
- 4 oz tanko narezanog pršuta
- 1/4 šalice izmrvljenog kozjeg sira
- Sol i crni papar po ukusu

ZAVOJ:
- 1/4 šalice ekstra djevičanskog maslinovog ulja
- 2 žlice bijelog balzamičnog octa
- 1 žličica meda
- 1 žličica Dijon senfa
- Sol i svježe mljeveni crni papar po ukusu

UPUTE:
a) U velikoj zdjeli za salatu pomiješajte miješanu zelenu salatu, kuglice dinje ili dinje, cherry rajčice, tanko narezani crveni luk, marinirana srca artičoka i crne masline bez koštica.
b) Svaku kuglicu dinje omotajte ploškom pršuta.
c) Po salati posložite kuglice dinje umotane u pršut.
d) Po salati pospite izmrvljeni kozji sir.
e) U maloj posudi pomiješajte maslinovo ulje, bijeli balzamični ocat, med, dijon senf, sol i papar kako biste napravili preljev.
f) Prelijte preljev preko salate neposredno prije posluživanja.
g) Lagano promiješajte da se svi sastojci prekriju preljevom.
h) Poslužite odmah kao elegantnu antipasto salatu s divnom kombinacijom slatkih i slanih okusa.

SALATE OD TJESTENINE

21. Oštar salata s čedarom i fusilli

SASTOJCI:
- 2 žlice maslinovog ulja
- 6 zelenih luka, nasjeckanih
- 1 žličica soli
- 3/4 šalice nasjeckane ukiseljene jalapeno papričice
- 1 (16 oz.) paket fusilli tjestenine
- 1 (2,25 oz.) može narezati crne masline
- 2 lb ekstra nemasne mljevene govedine
- 1 (1,25 oz.) paket mješavine začina za taco
- 1 (8 oz.) paket nasjeckanog sira Cheddar
- 1 (24 oz.) staklenka blage salse
- 1 (8 oz.) boca ranch preljeva
- 1 1/2 crvena paprika, nasjeckana

UPUTE:
a) Stavite veliki lonac na srednju vatru. Napunite ga vodom i umiješajte maslinovo ulje sa soli.
b) Kuhajte dok ne počne ključati.
c) Dodajte tjesteninu i kuhajte je 10 min. Izvadite ga iz vode i stavite sa strane da se ocijedi.
d) Stavite veliku tavu na srednje jaku vatru. U njemu pržite govedinu 12 minuta. Odbacite višak masti.
e) Dodajte začin za taco i dobro ih promiješajte. Ostavite smjesu sa strane da potpuno izgubi toplinu.
f) Uzmite veliku zdjelu za miješanje: u njoj pomiješajte salsu, ranč preljev, papriku, zeleni luk, jalapeno i crne masline.
g) Dodajte tjesteninu s kuhanom govedinom, cheddar sirom i mješavinom za preljev. Dobro ih promiješajte. Stavite komad plastične folije preko zdjele za salatu. Stavite u hladnjak na 1 h 15 min.

22.Talijanska hladna salata od tjestenine sa salamom

SASTOJCI:
- 2 šalice rotini tjestenine, kuhane i ohlađene
- 1/2 lb salame, narezane na komade veličine zalogaja
- 1 šalica cherry rajčica, prepolovljenih
- 1/2 šalice mozzarella kuglica (bocconcini)
- 1/4 šalice crnih maslina, narezanih
- 1/4 šalice crvenog luka, sitno nasjeckanog
- 1/4 šalice svježeg bosiljka, nasjeckanog
- 3 žlice ekstra djevičanskog maslinovog ulja
- 2 žlice crvenog vinskog octa
- Posolite i popaprite po ukusu

UPUTE:
a) U velikoj zdjeli pomiješajte tjesteninu, salamu, cherry rajčice, kuglice mozzarelle, crne masline, crveni luk i svježi bosiljak.
b) U maloj posudi pomiješajte maslinovo ulje, crveni vinski ocat, sol i papar.
c) Prelijte preljev preko smjese tjestenine i miješajte dok se dobro ne prekrije.
d) Stavite u hladnjak na najmanje 1 sat prije posluživanja.

23. Hladna salata od puretine i brusnice

SASTOJCI:
- 2 šalice fusilli ili farfalle tjestenine, kuhane i ohlađene
- 1/2 lb purećih prsa, kuhana i narezana na kockice
- 1/2 šalice suhih brusnica
- 1/4 šalice pekan oraha, nasjeckanih i prepečenih
- 1/2 šalice celera, sitno nasjeckanog
- 1/4 šalice crvenog luka, sitno nasjeckanog
- 1/3 šalice majoneze
- 2 žlice Dijon senfa
- Posolite i popaprite po ukusu

UPUTE:
a) U velikoj zdjeli pomiješajte tjesteninu, puretinu narezanu na kockice, sušene brusnice, pekan orahe, celer i crveni luk.
b) U maloj posudi pomiješajte majonezu, dijon senf, sol i papar.
c) Prelijte preljev preko smjese tjestenine i miješajte dok se dobro ne prekrije.
d) Stavite u hladnjak na najmanje 1 sat prije posluživanja.

24. Hladna salata od tjestenine sa šunkom i čedarom

SASTOJCI:
- 2 šalice laktanih makarona, kuhanih i ohlađenih
- 1/2 lb šunke, narezane na kockice
- 1 šalica cheddar sira, narezanog na kockice
- 1/2 šalice cherry rajčica, prepolovljenih
- 1/4 šalice crvene paprike, narezane na kockice
- 1/4 šalice zelenog luka, nasjeckanog
- 1/3 šalice majoneze
- 2 žlice kiselog vrhnja
- 1 žlica Dijon senfa
- Posolite i popaprite po ukusu

UPUTE:
a) U velikoj zdjeli pomiješajte tjesteninu, šunku narezanu na kockice, cheddar sir, cherry rajčice, crvenu papriku i mladi luk.
b) U maloj posudi pomiješajte majonezu, kiselo vrhnje, dijon senf, sol i papar.
c) Prelijte preljev preko smjese tjestenine i miješajte dok se dobro ne prekrije.
d) Stavite u hladnjak na najmanje 1 sat prije posluživanja.

25. Pileća Cezar hladna salata od tjestenine

SASTOJCI:
- 2 šalice penne tjestenine, kuhane i ohlađene
- 1 lb pilećih prsa na žaru, narezanih
- 1/2 šalice cherry rajčica, prepolovljenih
- 1/4 šalice crnih maslina, narezanih
- 1/4 šalice ribanog parmezana
- 1/4 šalice krutona, zdrobljenih
- 1/2 šalice Cezar preljeva
- Svježi peršin za ukras
- Posolite i popaprite po ukusu

UPUTE:
a) U velikoj zdjeli pomiješajte tjesteninu, piletinu na žaru, cherry rajčice, crne masline, parmezan sir i zdrobljene krutone.
b) Dodajte Cezar preljev i miješajte dok se dobro ne izmiješa.
c) Ukrasite svježim peršinom.
d) Stavite u hladnjak na najmanje 1 sat prije posluživanja.

26. Grčka salata od orzo tjestenine s gyro mesom

SASTOJCI:
- 2 šalice orzo tjestenine, kuhane i ohlađene
- 1/2 lb gyro mesa, narezanog
- 1 šalica krastavca, narezanog na kockice
- 1/2 šalice cherry rajčica, prepolovljenih
- 1/4 šalice crvenog luka, sitno nasjeckanog
- 1/3 šalice Kalamata maslina, narezanih
- 1/2 šalice feta sira, izmrvljenog
- 3 žlice grčkog preljeva
- Svježi origano za ukras
- Posolite i popaprite po ukusu

UPUTE:
a) U velikoj zdjeli pomiješajte orzo tjesteninu, narezano gyro meso, krastavac, cherry rajčice, crveni luk, Kalamata masline i feta sir.
b) Dodajte grčki preljev i miješajte dok se dobro ne izmiješa.
c) Ukrasite svježim origanom.
d) Stavite u hladnjak na najmanje 1 sat prije posluživanja.

27.Salata od pečene govedine i cheddar tjestenine

SASTOJCI:
- 2 šalice fusilli tjestenine, kuhane i ohlađene
- 1/2 lb pečene govedine, tanko narezane i izrezane na trakice
- 1/2 šalice sira cheddar, narezanog na kockice
- 1/4 šalice crvene paprike, narezane na kockice
- 1/4 šalice zelene paprike, narezane na kockice
- 1/4 šalice crvenog luka, sitno nasjeckanog
- 1/3 šalice kremastog preljeva od hrena
- Posolite i popaprite po ukusu

UPUTE:
a) U velikoj zdjeli pomiješajte tjesteninu, pečenu govedinu, cheddar sir, crvenu papriku, zelenu papriku i crveni luk.
b) Dodajte kremasti preljev od hrena i miješajte dok se dobro ne prekrije.
c) Začinite solju i paprom po ukusu.
d) Stavite u hladnjak na najmanje 1 sat prije posluživanja.

28.Bacon Ranch Hladna pileća salata od tjestenine

SASTOJCI:
- 2 šalice rotini tjestenine, kuhane i ohlađene
- 1 lb kuhanih pilećih prsa, narezanih na kockice
- 1/2 šalice slanine, kuhane i izmrvljene
- 1/2 šalice cherry rajčica, prepolovljenih
- 1/4 šalice crvenog luka, sitno nasjeckanog
- 1/2 šalice cheddar sira, nasjeckanog
- 1/3 šalice ranč preljeva
- Svježi vlasac za ukras
- Posolite i popaprite po ukusu

UPUTE:
a) U velikoj zdjeli pomiješajte tjesteninu, piletinu narezanu na kockice, slaninu, cherry rajčice, crveni luk i cheddar sir.
b) Dodajte ranč preljev i miješajte dok se dobro ne izmiješa.
c) Ukrasite svježim vlascem.
d) Stavite u hladnjak na najmanje 1 sat prije posluživanja.

29.Talijanska antipasto salata od tjestenine

SASTOJCI:
- 2 šalice leptir tjestenine, kuhane i ohlađene
- 1/2 lb salame, narezane na ploške i trakice
- 1/2 šalice provolone sira, narezanog na kockice
- 1/4 šalice crnih maslina, narezanih
- 1/4 šalice zelenih maslina, narezanih
- 1/4 šalice pečene crvene paprike, nasjeckane
- 1/4 šalice nasjeckanih srca artičoka
- 1/3 šalice talijanskog preljeva
- Svježi bosiljak za ukras
- Posolite i popaprite po ukusu

UPUTE:
a) U velikoj zdjeli pomiješajte tjesteninu, salamu, provolone sir, crne masline, zelene masline, pečenu crvenu papriku i srca artičoke.
b) Dodajte talijanski preljev i miješajte dok se dobro ne prekrije.
c) Ukrasite svježim bosiljkom.
d) Stavite u hladnjak na najmanje 1 sat prije posluživanja.

30.Salata od dimljene puretine i tjestenine od avokada

SASTOJCI:
- 2 šalice penne tjestenine, kuhane i ohlađene
- 1/2 lb dimljene puretine, narezane na kockice
- 1 avokado, narezan na kockice
- 1/2 šalice cherry rajčica, prepolovljenih
- 1/4 šalice crvenog luka, sitno nasjeckanog
- 1/4 šalice feta sira, izmrvljenog
- 2 žlice svježeg cilantra, nasjeckanog
- Sok od 2 limete
- 3 žlice maslinovog ulja
- Posolite i popaprite po ukusu

UPUTE:
a) U velikoj zdjeli pomiješajte tjesteninu, dimljenu puretinu narezanu na kockice, avokado narezan na kockice, cherry rajčice, crveni luk, feta sir i cilantro.
b) Prelijte sokom limete i maslinovim uljem.
c) Miješajte dok se dobro ne sjedini.
d) Začinite solju i paprom po ukusu.
e) Stavite u hladnjak na najmanje 1 sat prije posluživanja.

31.Salata od pečene kobasice i tjestenine od povrća

SASTOJCI:
- 2 šalice rotini tjestenine, kuhane i ohlađene
- 1/2 lb pečene kobasice, narezane na kriške
- 1 šalica tikvica, narezanih na kockice
- 1 šalica cherry rajčica, prepolovljenih
- 1/2 šalice crvene paprike, narezane na kockice
- 1/4 šalice crvenog luka, sitno nasjeckanog
- 1/3 šalice balzamičnog vinaigreta
- Svježi bosiljak za ukras
- Posolite i popaprite po ukusu

UPUTE:
a) U velikoj zdjeli pomiješajte tjesteninu, pečenu kobasicu, tikvice, cherry rajčice, crvenu papriku i crveni luk.
b) Dodajte balsamico vinaigrette i miješajte dok se dobro ne prekrije.
c) Ukrasite svježim bosiljkom.
d) Začinite solju i paprom po ukusu.
e) Stavite u hladnjak na najmanje 1 sat prije posluživanja.

32.Hladna salata od škampa i avokada od tjestenine

SASTOJCI:
- 2 šalice rotini tjestenine, kuhane i ohlađene
- 1/2 lb kuhanih škampa, oguljenih i očišćenih
- 1 avokado, narezan na kockice
- 1/2 šalice cherry rajčica, prepolovljenih
- 1/4 šalice crvenog luka, sitno nasjeckanog
- 1/4 šalice krastavca, narezanog na kockice
- 2 žlice svježeg cilantra, nasjeckanog
- Sok od 2 limete
- 3 žlice maslinovog ulja
- Posolite i popaprite po ukusu

UPUTE:
a) U velikoj zdjeli pomiješajte tjesteninu, kuhane škampe, avokado narezan na kockice, cherry rajčice, crveni luk, krastavac i cilantro.
b) Prelijte sokom limete i maslinovim uljem.
c) Miješajte dok se dobro ne sjedini.
d) Začinite solju i paprom po ukusu.
e) Stavite u hladnjak na najmanje 1 sat prije posluživanja.

33.Pastrami i švicarska hladna salata od tjestenine

SASTOJCI:

- 2 šalice penne tjestenine, kuhane i ohlađene
- 1/2 lb pastrame, narezane na ploške i na trakice
- 1/2 šalice švicarskog sira, narezanog na kockice
- 1/4 šalice kiselih krastavaca kopra, nasjeckanih
- 1/4 šalice crvenog luka, sitno nasjeckanog
- 1/3 šalice majoneze
- 2 žlice Dijon senfa
- Posolite i popaprite po ukusu

UPUTE:

a) U velikoj zdjeli pomiješajte tjesteninu, pastrami, švicarski sir, kisele krastavce od kopra i crveni luk.
b) U maloj posudi pomiješajte majonezu, dijon senf, sol i papar.
c) Prelijte preljev preko smjese tjestenine i miješajte dok se dobro ne prekrije.
d) Stavite u hladnjak na najmanje 1 sat prije posluživanja.

34. Hladna salata od tunjevine i bijelog graha

SASTOJCI:
- 2 šalice fusilli tjestenine, kuhane i ohlađene
- 1 konzerva (15 oz) bijelog graha, ocijeđenog i ispranog
- 1 konzerva (5 oz) tune, ocijeđene i narezane na listiće
- 1/2 šalice cherry rajčica, prepolovljenih
- 1/4 šalice crvenog luka, sitno nasjeckanog
- 1/4 šalice crnih maslina, narezanih
- 2 žlice svježeg peršina, nasjeckanog
- 3 žlice crvenog vinskog octa
- 2 žlice maslinovog ulja
- Posolite i popaprite po ukusu

UPUTE:
a) U velikoj zdjeli pomiješajte tjesteninu, bijeli grah, tunu, cherry rajčice, crveni luk, crne masline i peršin.
b) U maloj zdjeli pomiješajte crveni vinski ocat, maslinovo ulje, sol i papar.
c) Prelijte preljev preko smjese tjestenine i miješajte dok se dobro ne prekrije.
d) Stavite u hladnjak na najmanje 1 sat prije posluživanja.

35.B BQ salata od tjestenine s piletinom i kukuruzom

SASTOJCI:
- 2 šalice leptir tjestenine, kuhane i ohlađene
- 1 lb pilećih prsa na žaru, narezanih na kockice
- 1 šalica kukuruznih zrna, kuhanih (svježih ili smrznutih)
- 8 trakica kuhane slanine
- 1/4 šalice crvenog luka, sitno nasjeckanog
- 1/4 šalice cilantra, nasjeckanog
- 1/3 šalice umaka za roštilj
- 2 žlice majoneze
- Posolite i popaprite po ukusu

UPUTE:
a) U velikoj zdjeli pomiješajte tjesteninu, piletinu na žaru narezanu na kockice, kukuruz, slaninu, crveni luk i cilantro.
b) U maloj posudi pomiješajte umak za roštilj i majonezu.
c) Prelijte preljev preko smjese tjestenine i miješajte dok se dobro ne prekrije.
d) Začinite solju i paprom po ukusu.
e) Stavite u hladnjak na najmanje 1 sat prije posluživanja.

36.Salata od talijanske kobasice i tjestenine s paprikom

SASTOJCI:
- 2 šalice rotini tjestenine, kuhane i ohlađene
- 1/2 lb talijanske kobasice, pečene na žaru i narezane na ploške
- 1/2 šalice paprike (raznih boja), narezane na ploške
- 1/4 šalice crvenog luka, sitno nasjeckanog
- 1/4 šalice crnih maslina, narezanih
- 1/3 šalice talijanskog preljeva
- Svježi bosiljak za ukras
- Posolite i popaprite po ukusu

UPUTE:
a) U velikoj zdjeli pomiješajte tjesteninu, pečenu talijansku kobasicu, papriku, crveni luk i crne masline.
b) Dodajte talijanski preljev i miješajte dok se dobro ne izmiješa.
c) Ukrasite svježim bosiljkom.
d) Začinite solju i paprom po ukusu.
e) Stavite u hladnjak na najmanje 1 sat prije posluživanja.

37. Salata od tjestenine Copycat Ruby Tuesday

SASTOJCI:
- 10 unci smrznutog graška
- 1 funta rotini rezanaca
- ¼ šalice mlaćenice
- 2 žlice začina za ranch
- ½ žličice soli češnjaka
- ½ žličice crnog papra
- Parmezan, za ukrašavanje
- 2 šalice majoneze
- 8 unci šunke, narezane na kockice

UPUTE
SALATA OD TJESTENINE
a) Pripremite rotini rezance prema uputama na kutiji.
b) Kako biste zaustavili proces kuhanja, temeljito ga ocijedite i isperite hladnom vodom.
c) Nakon ispiranja provjerite da li se dobro ocijedi.

ZAVOJ
d) Pomiješajte majonezu, mlaćenicu, začin za ranch, sol s češnjakom i crni papar.

ZA SASTAVLJANJE
e) Pomiješajte tjesteninu, šunku i smrznuti grašak u posudi za posluživanje.
f) Dodajte preljev i miješajte dok se ravnomjerno ne rasporedi.
g) Stavite u hladnjak na najmanje jedan sat da se okusi prožmu.
h) Dobro promiješajte prije posluživanja s ribanim parmezanom na vrhu.

38. Pepperoni rotini salata od sira

SASTOJCI:
- 1 (16 oz.) paket trobojne rotini tjestenine
- 1 (8 oz.) paket sira mozzarella
- 1/4 lb narezane feferone kobasice
- 1 šalica svježih cvjetova brokule
- 1 (16 oz.) boca salate u talijanskom stilu
- 1 (6 oz.) limenka crnih maslina, ocijeđenih
- zavoj

UPUTE:
a) Skuhajte tjesteninu prema uputama na pakiranju.
b) Uzmite veliku zdjelu za miješanje: u nju ubacite tjesteninu, feferoni, brokulu, masline, sir i preljev.
c) Začinite salatu i stavite je u hladnjak na 1 h 10 min. Poslužite ga.

39.Gorgonzola salata od tjestenine

SASTOJCI:
- 1 (16 oz.) paket penne tjestenine
- 1/2 šalice uljane repice
- 2 žlice uljane repice
- 1/4 šalice ulja od oraha
- 2 C. svježi špinat - oprati, osušiti i narezati na komade veličine zalogaja
- 1/3 šalice šampanjskog octa
- 2 žlice meda
- 1 mala zelena paprika, izrezana na komade od 1 inča
- 2 C. izmrvljeni sir Gorgonzola
- 1 C. nasjeckanih oraha
- 1 mala crvena paprika, izrezana na komade od 1 inča
- 1 mala žuta paprika, izrezana na komade od 1 inča

UPUTE:
a) Skuhajte tjesteninu prema uputama na pakiranju.
b) Stavite veliku tavu na srednje jaku vatru. U njemu kuhajte špinat uz mlaz vode 2 do 3 minute ili dok ne uvene.
c) Uzmite veliku zdjelu za miješanje: u nju ubacite špinat, zelenu papriku, crvenu papriku, žutu papriku i ohlađenu tjesteninu.
d) Uzmite malu zdjelu za miješanje: u njoj pomiješajte 1/2 šalice ulja kanole, orahovog ulja, octa i meda. Dobro ih izmiješajte.
e) Preljevom prelijte salatu od tjestenine. Pospite ga orasima i gorgonzolom i poslužite.

40. Salata od tjestenine Romano Linguine

SASTOJCI:
- 1 (8 oz.) paket linguine tjestenine
- 1/2 žličice pahuljica crvene paprike
- 1 (12 oz.) vrećica cvjetova brokule, narezanih na komade veličine zalogaja
- 1/4 žličice mljevenog crnog papra
- soli po ukusu
- 1/4 šalice maslinovog ulja
- 4 žličice mljevenog češnjaka
- 1/2 šalice sitno nasjeckanog sira Romano
- 2 žlice sitno nasjeckanog svježeg plosnatog peršina

UPUTE:
a) Skuhajte tjesteninu prema uputama na pakiranju.
b) Zakuhajte lonac vode. Na vrh stavite kuhalo za kuhanje na pari. U njemu kuhajte brokulu na pari 6 min
c) Stavite lonac na srednju vatru. Zagrijte ulje u njemu. Na njemu pirjajte češnjak s paprom 2 min.
d) Uzmite veliku zdjelu za miješanje: u nju prebacite pirjani češnjak s tjesteninom, brokulom, romano sirom, peršinom, crnim paprom i soli. Dobro ih izmiješajte.
e) Prilagodite začinjanje salate. Poslužite odmah.
f) Uživati.

41.Minty feta i orzo salata

SASTOJCI:
- 1 1/4 šalice orzo tjestenine
- 1 manji crveni luk, narezan na kockice
- 6 žlica maslinovog ulja, podijeljeno
- 1/2 šalice sitno nasjeckanih listova svježe metvice
- 3/4 šalice sušene smeđe leće, isprane i ocijeđene
- 1/2 šalice nasjeckanog svježeg kopra
- sol i papar po ukusu
- 1/3 šalice crvenog vinskog octa
- 3 češnja češnjaka, nasjeckana
- 1/2 šalice Kalamata maslina, očišćenih od koštica i nasjeckanih
- 1 1/2 šalica izmrvljenog feta sira

UPUTE:
a) Skuhajte tjesteninu prema uputama na pakiranju.
b) Zakuhajte veliki posoljeni lonac s vodom. Kuhajte u njoj leću dok ne počne ključati.
c) Smanjite vatru i stavite poklopac. Leću kuhajte 22 minute. Izvadite ih iz vode.
d) Uzmite malu zdjelu za miješanje: u njoj pomiješajte maslinovo ulje, ocat i češnjak. Dobro ih umutite da napravite preljev.
e) Uzmite veliku zdjelu za miješanje: u nju umiješajte leću, preljev, masline, feta sir, crveni luk, metvicu i kopar, posolite i popaprite.
f) Zamotajte plastičnu foliju na zdjelu za salatu i stavite je u hladnjak na 2 h i 30 minuta. Prilagodite začine salate i poslužite je.
g) Uživati.

42.Orašasta gorgonzola salata od tjestenine

SASTOJCI:
- 2 lb vrhova pečenice, narezane na kocke
- 1/2 šalice crnog vina
- 1/2 žutog luka nasjeckanog
- 1 (1,25 oz.) pakiranje goveđeg mesa s mješavinom juhe od luka
- 2 (10,75 oz.) limenke kondenzirane krem juhe od gljiva
- 2 (16 oz.) paketa rezanaca s jajima
- 1 šalica mlijeka

UPUTE:
a) Zagrijte veliku tavu na srednje jakoj vatri i miješajući pržite govedinu i luk oko 5
b) minuta.
c) U međuvremenu u zdjeli pomiješajte juhu od gljiva, vino, mlijeko i mješavinu juhe.
d) Stavite smjesu u tavu i pustite da zavrije.
e) Smanjite vatru i kuhajte poklopljeno oko 2 sata.
f) Smanjite vatru na najnižu razinu i kuhajte poklopljeno oko 4 sata.
g) U velikoj posudi s lagano posoljenom kipućom vodom kuhajte rezance s jajima oko 5 minuta.
h) Dobro ocijediti.
i) Stavite goveđu smjesu preko rezanaca i poslužite.

43.Salata od svježe tjestenine s limunom

SASTOJCI:
- 1 (16 oz.) paket trobojne rotini tjestenine
- 1 prstohvat soli i mljevenog crnog papra po ukusu
- 2 rajčice, očišćene od sjemenki i narezane na kockice
- 2 krastavca - oguljena, očišćena od sjemenki i narezana na kockice
- 1 avokado, narezan na kockice
- 1 sok od limuna
- 1 (4 oz.) limenka narezanih crnih maslina
- 1/2 šalice talijanskog preljeva ili više po ukusu
- 1/2 šalice nasjeckanog parmezana

UPUTE:
a) Skuhajte tjesteninu prema uputama na pakiranju.
b) Uzmite veliku zdjelu za miješanje: u njoj pomiješajte tjesteninu, rajčice, krastavce, masline, talijanski preljev, parmezan, sol i papar. Dobro ih promiješajte.
c) Stavite tjesteninu u hladnjak na 1 h 15 minuta.
d) Uzmite malu zdjelu za miješanje: umiješajte limunov sok s avokadom. Prelijte avokado salatom od tjestenine i poslužite.
e) Uživati.

44. Tortelini salata od tri sira

SASTOJCI:
- 1 lb trobojnih tortelina sa sirom, kuhanih i ohlađenih
- 1 šalica mozzarella sira, narezanog na kockice
- 1/2 šalice feta sira, izmrvljenog
- 1/4 šalice ribanog parmezana
- 1 šalica cherry rajčica, prepolovljenih
- 1/4 šalice crvenog luka, sitno nasjeckanog
- 1/4 šalice svježeg bosiljka, nasjeckanog
- 1/3 šalice balzamičnog vinaigrette preljeva

UPUTE:
a) U velikoj zdjeli pomiješajte torteline, mozzarellu, fetu, parmezan, cherry rajčice, crveni luk i svježi bosiljak.
b) Prelijte balsamico vinaigrette preko salate i promiješajte da se sjedini.
c) Stavite u hladnjak na najmanje 1 sat prije posluživanja.

45. Penne salata od pesta i sušenih rajčica

SASTOJCI:
- 2 šalice penne tjestenine, kuhane i ohlađene
- 1/2 šalice sušene rajčice, nasjeckane
- 1/2 šalice nasjeckanog parmezana
- 1/3 šalice pinjola, prženih
- 1 šalica mladog špinata
- 1/2 šalice pesto umaka
- Posolite i popaprite po ukusu

UPUTE:
a) U velikoj zdjeli pomiješajte penne tjesteninu, sušene rajčice, parmezan, pinjole i mladi špinat.
b) Dodajte pesto umak i miješajte dok se sve dobro ne prekrije.
c) Začinite solju i paprom po ukusu.
d) Ohladite u hladnjaku najmanje 1 sat prije posluživanja.

46.Salata od tjestenine s leptir mašnom i brokulom

SASTOJCI:
- 2 šalice leptir tjestenine, kuhane i ohlađene
- 1 šalica oštrog chedar sira, nasjeckanog
- 1 šalica cvjetova brokule, blanširanih i nasjeckanih
- 1/4 šalice crvenog luka, sitno nasjeckanog
- 1/2 šalice majoneze
- 2 žlice bijelog octa
- 1 žlica šećera
- Posolite i popaprite po ukusu

UPUTE:
a) U velikoj zdjeli pomiješajte leptir tjesteninu, cheddar sir, brokulu i crveni luk.
b) U posebnoj zdjeli pomiješajte majonezu, bijeli ocat, šećer, sol i papar.
c) Prelijte preljev preko smjese tjestenine i miješajte dok se ne ujednači.
d) Stavite u hladnjak na najmanje 1 sat prije posluživanja.

47.Salata od tofua i rezanaca sa sezamom na žaru

SASTOJCI:
- 2 šalice soba rezanaca, kuhanih i ohlađenih
- 1 blok ekstra čvrstog tofua, pečen na žaru i narezan na kockice
- 1 šalica graška, blanširanog i narezanog na ploške
- 1/2 šalice nasjeckane mrkve
- 1/4 šalice zelenog luka, nasjeckanog
- 2 žlice sjemenki sezama, prženih
- 1/3 šalice soja umaka
- 2 žlice sezamovog ulja
- 1 žlica rižinog octa
- 1 žlica meda

UPUTE:
a) Pecite tofu na roštilju dok ne dobije tragove pečenja, a zatim ga narežite na kockice.
b) U velikoj zdjeli pomiješajte soba rezance, tofu na žaru, grašak, nasjeckanu mrkvu, mladi luk i sjemenke sezama.
c) U maloj posudi pomiješajte sojin umak, sezamovo ulje, rižin ocat i med.
d) Prelijte preljev preko smjese rezanaca i miješajte dok se dobro ne prekrije.
e) Stavite u hladnjak na najmanje 1 sat prije posluživanja.

48. Salata od tjestenine od jakobovih kapica i šparoga na žaru

SASTOJCI:
- 2 šalice leptir tjestenine, kuhane i ohlađene
- 1 lb jakobovih kapica, pečenih na žaru
- 1 šalica šparoga, pečenih na žaru i nasjeckanih
- 1/4 šalice sušene rajčice, nasjeckane
- 1/4 šalice svježeg bosiljka, nasjeckanog
- 3 žlice ekstra djevičanskog maslinovog ulja
- Sok od 2 limuna
- Posolite i popaprite po ukusu

UPUTE:
a) Jakobove kapice pecite na roštilju dok ne ostanu tragovi roštilja.
b) Šparoge pecite na roštilju dok ne omekšaju i nasjeckajte ih na komade veličine zalogaja.
c) U velikoj zdjeli pomiješajte tjesteninu, jakobove kapice na žaru, šparoge na žaru, sušene rajčice i svježi bosiljak.
d) U maloj zdjeli pomiješajte maslinovo ulje i limunov sok.
e) Prelijte preljev preko smjese tjestenine i miješajte dok se dobro ne sjedini.
f) Začinite solju i paprom po ukusu.
g) Stavite u hladnjak na najmanje 1 sat prije posluživanja.

49.Salata od tjestenine od tune i artičoke

SASTOJCI:
- 2 šalice fusilli tjestenine, kuhane i ohlađene
- 1 limenka (6 oz) tunjevine, ocijeđene i naljuštene
- 1 šalica cherry rajčica, prepolovljenih
- 1/2 šalice nasjeckanih mariniranih srca artičoka
- 1/4 šalice crnih maslina, narezanih
- 2 žlice kapara
- 1/4 šalice crvenog luka, sitno nasjeckanog
- 2 žlice svježeg peršina, nasjeckanog
- 3 žlice maslinovog ulja
- 2 žlice crvenog vinskog octa
- Posolite i popaprite po ukusu

UPUTE:
a) U velikoj zdjeli pomiješajte tjesteninu, tunu, cherry rajčice, srca artičoke, masline, kapare, crveni luk i peršin.
b) U maloj posudi pomiješajte maslinovo ulje, crveni vinski ocat, sol i papar.
c) Prelijte preljev preko smjese tjestenine i miješajte dok se dobro ne sjedini.
d) Stavite u hladnjak na najmanje 1 sat prije posluživanja.

50. Salata od tjestenine sa kozicama i avokadom

SASTOJCI:
- 2 šalice penne tjestenine, kuhane i ohlađene
- 1 lb kuhanih škampa, oguljenih i očišćenih
- 2 avokada, narezana na kockice
- 1 šalica cherry rajčica, prepolovljenih
- 1/4 šalice crvenog luka, sitno nasjeckanog
- 1/4 šalice svježeg cilantra, nasjeckanog
- Sok od 2 limete
- 3 žlice maslinovog ulja
- Posolite i popaprite po ukusu

UPUTE:
a) U velikoj zdjeli pomiješajte tjesteninu, škampe, avokado, cherry rajčice, crveni luk i cilantro.
b) Pokapajte sokom limete i maslinovim uljem pa začinite solju i paprom.
c) Miješajte dok se dobro ne sjedini.
d) Stavite u hladnjak na najmanje 1 sat prije posluživanja.

51.Salata od tjestenine s dimljenim lososom i koprom

SASTOJCI:
- 2 šalice rotini tjestenine, kuhane i ohlađene
- 4 oz dimljenog lososa, nasjeckanog
- 1/2 šalice krastavca, narezanog na kockice
- 1/4 šalice crvenog luka, sitno nasjeckanog
- 2 žlice kapara
- 1/4 šalice svježeg kopra, nasjeckanog
- 1/3 šalice običnog grčkog jogurta
- Sok od 1 limuna
- Posolite i popaprite po ukusu

UPUTE:
a) U velikoj zdjeli pomiješajte tjesteninu, dimljeni losos, krastavac, crveni luk, kapare i kopar.
b) U maloj posudi pomiješajte grčki jogurt i limunov sok.
c) Prelijte smjesu jogurta preko tjestenine i miješajte dok se dobro ne prekrije.
d) Začinite solju i paprom po ukusu.
e) Stavite u hladnjak na najmanje 1 sat prije posluživanja.

52.Salata od tjestenine od rakova i manga

SASTOJCI:
- 2 šalice farfalle tjestenine, kuhane i ohlađene
- 1 lb grudice rakova, prebranog
- 1 mango, narezan na kockice
- 1/2 šalice crvene paprike, narezane na kockice
- 1/4 šalice crvenog luka, sitno nasjeckanog
- 1/4 šalice svježeg cilantra, nasjeckanog
- Sok od 2 limete
- 3 žlice majoneze
- Posolite i popaprite po ukusu

UPUTE:
a) U velikoj zdjeli pomiješajte tjesteninu, meso rakova, mango, crvenu papriku, crveni luk i cilantro.
b) U maloj zdjeli pomiješajte sok limete i majonezu.
c) Prelijte preljev preko smjese tjestenine i miješajte dok se dobro ne sjedini.
d) Začinite solju i paprom po ukusu.
e) Stavite u hladnjak na najmanje 1 sat prije posluživanja.

53. Salata od tjestenine s tropskim voćem i škampima

SASTOJCI:
- 2 šalice fusilli tjestenine, kuhane i ohlađene
- 1/2 lb kuhanih škampa, oguljenih i očišćenih
- 1 šalica komadića ananasa
- 1 šalica manga, narezanog na kockice
- 1/2 šalice crvene paprike, narezane na kockice
- 1/4 šalice crvenog luka, sitno nasjeckanog
- 1/3 šalice kokosovih pahuljica
- 3 žlice soka od limete
- 2 žlice meda
- Posolite i popaprite po ukusu

UPUTE:
a) U velikoj zdjeli pomiješajte tjesteninu, kuhane škampe, komadiće ananasa, mango, crvenu papriku, crveni luk i kokosove ljuskice.
b) U maloj zdjeli pomiješajte sok limete i med.
c) Prelijte preljev preko smjese tjestenine i miješajte dok se dobro ne prekrije.
d) Začinite solju i paprom po ukusu.
e) Stavite u hladnjak na najmanje 1 sat prije posluživanja.

54.Salata od bobica i feta tjestenine

SASTOJCI:
- 2 šalice leptir tjestenine, kuhane i ohlađene
- 1 šalica narezanih jagoda
- 1/2 šalice borovnica
- 1/2 šalice malina
- 1/2 šalice feta sira, izmrvljenog
- 1/4 šalice svježe metvice, nasjeckane
- 3 žlice glazure od balzama
- 3 žlice maslinovog ulja
- Posolite i popaprite po ukusu

UPUTE:
a) U velikoj zdjeli pomiješajte tjesteninu, jagode, borovnice, maline, feta sir i svježu metvicu.
b) Prelijte glazurom od balsamica i maslinovim uljem.
c) Miješajte dok se dobro ne sjedini.
d) Začinite solju i paprom po ukusu.
e) Stavite u hladnjak na najmanje 1 sat prije posluživanja.

55.Salata od tjestenine s citrusima i avokadom

SASTOJCI:
- 2 šalice rotini tjestenine, kuhane i ohlađene
- 1 naranča, segmentirana
- 1 grejpfrut, segmentirano
- 1 avokado, narezan na kockice
- 1/4 šalice crvenog luka, sitno nasjeckanog
- 2 žlice svježeg cilantra, nasjeckanog
- 3 žlice soka od naranče
- 2 žlice soka od limete
- 3 žlice maslinovog ulja
- Posolite i popaprite po ukusu

UPUTE:
a) U velikoj zdjeli pomiješajte tjesteninu, segmente naranče, segmente grejpa, avokado narezan na kockice, crveni luk i cilantro.
b) U maloj posudi pomiješajte sok od naranče, sok od limete i maslinovo ulje.
c) Prelijte preljev preko smjese tjestenine i miješajte dok se dobro ne prekrije.
d) Začinite solju i paprom po ukusu.
e) Stavite u hladnjak na najmanje 1 sat prije posluživanja.

56.Salata od lubenice i feta tjestenine

SASTOJCI:
- 2 šalice tjestenine penne ili makarona, kuhane i ohlađene
- 2 šalice lubenice, narezane na kockice
- 1/2 šalice krastavca, narezanog na kockice
- 1/4 šalice crvenog luka, sitno nasjeckanog
- 1/2 šalice feta sira, izmrvljenog
- 2 žlice svježe nasjeckane metvice
- 3 žlice glazure od balzama
- 3 žlice maslinovog ulja
- Posolite i popaprite po ukusu

UPUTE:
a) U velikoj zdjeli pomiješajte tjesteninu, lubenicu, krastavac, crveni luk, feta sir i svježu metvicu.
b) Prelijte glazurom od balsamica i maslinovim uljem.
c) Miješajte dok se dobro ne sjedini.
d) Začinite solju i paprom po ukusu.
e) Stavite u hladnjak na najmanje 1 sat prije posluživanja.

57.Salata od tjestenine s mangom i crnim grahom

SASTOJCI:
- 2 šalice farfalle tjestenine, kuhane i ohlađene
- 1 mango, narezan na kockice
- 1 šalica crnog graha, ispranog i ocijeđenog
- 1 šalica pečenog kukuruza (po želji)
- 1/2 šalice crvene paprike, narezane na kockice
- 1/4 šalice crvenog luka, sitno nasjeckanog
- 2 žlice svježeg cilantra, nasjeckanog
- 3 žlice soka od limete
- 2 žlice maslinovog ulja
- 1 žličica kumina
- Posolite i popaprite po ukusu

UPUTE:
a) U velikoj zdjeli pomiješajte tjesteninu, mango narezan na kockice, crni grah, kukuruz, crvenu papriku, crveni luk i cilantro.
b) U maloj posudi pomiješajte sok limete, maslinovo ulje, kumin, sol i papar.
c) Prelijte preljev preko smjese tjestenine i miješajte dok se dobro ne prekrije.
d) Stavite u hladnjak na najmanje 1 sat prije posluživanja.

58. Salata s tjesteninom od jabuka i oraha

SASTOJCI:
- 2 šalice penne tjestenine, kuhane i ohlađene
- 2 jabuke, narezane na kockice
- 1/2 šalice celera, sitno nasjeckanog
- 1/4 šalice nasjeckanih i prženih oraha
- 1/4 šalice grožđica
- 1/3 šalice grčkog jogurta
- 2 žlice majoneze
- 1 žlica meda
- 1/2 žličice cimeta
- Posolite po ukusu

UPUTE:
a) U velikoj zdjeli pomiješajte tjesteninu, jabuke narezane na kockice, celer, orahe i grožđice.
b) U maloj posudi pomiješajte grčki jogurt, majonezu, med, cimet i prstohvat soli.
c) Prelijte preljev preko smjese tjestenine i miješajte dok se dobro ne prekrije.
d) Stavite u hladnjak na najmanje 1 sat prije posluživanja.

59.Salata s tjesteninom od ananasa i šunke

SASTOJCI:
- 2 šalice sušene tjestenine, kuhane i ohlađene
- 1 šalica komadića ananasa
- 1/2 šalice šunke, narezane na kockice
- 1/4 šalice crvene paprike, narezane na kockice
- 1/4 šalice zelenog luka, nasjeckanog
- 1/3 šalice majoneze
- 2 žlice Dijon senfa
- 1 žlica meda
- Posolite i popaprite po ukusu

UPUTE:
a) U velikoj zdjeli pomiješajte tjesteninu, komadiće ananasa, šunku narezanu na kockice, crvenu papriku i mladi luk.
b) U maloj posudi pomiješajte majonezu, dijon senf, med, sol i papar.
c) Prelijte preljev preko smjese tjestenine i miješajte dok se dobro ne prekrije.
d) Stavite u hladnjak na najmanje 1 sat prije posluživanja.

60. Salata od tjestenine s citrusnim bobicama

SASTOJCI:
- 2 šalice leptir tjestenine, kuhane i ohlađene
- 1 šalica miješanog bobičastog voća (jagode, borovnice, maline)
- 1 naranča, segmentirana
- 1/4 šalice svježe metvice, nasjeckane
- 2 žlice meda
- 2 žlice soka od naranče
- 1 žlica soka od limete
- Posolite po ukusu

UPUTE:
a) U velikoj zdjeli pomiješajte tjesteninu, miješano bobičasto voće, segmente naranče i svježu metvicu.
b) U maloj posudi pomiješajte med, sok od naranče, sok od limete i prstohvat soli.
c) Prelijte preljev preko smjese tjestenine i miješajte dok se dobro ne prekrije.
d) Stavite u hladnjak na najmanje 1 sat prije posluživanja.

61.Salata od kivija, jagoda i tjestenine Rotini

SASTOJCI:
- 2 šalice rotini tjestenine, kuhane i ohlađene
- 1 šalica narezanih jagoda
- 2 kivija, oguljena i narezana na kockice
- 1/4 šalice badema, narezanih i prepečenih
- 2 žlice preljeva od maka
- 2 žlice grčkog jogurta
- 1 žlica meda
- Posolite po ukusu

UPUTE:
a) U velikoj zdjeli pomiješajte tjesteninu, narezane jagode, kivi narezan na kockice i pržene bademe.
b) U maloj posudi pomiješajte preljev od maka, grčki jogurt, med i prstohvat soli.
c) Prelijte preljev preko smjese tjestenine i miješajte dok se dobro ne prekrije.
d) Stavite u hladnjak na najmanje 1 sat prije posluživanja.

62. Salsa od manga sa Farfalle salatom od tjestenine

SASTOJCI:
- 2 šalice farfalle tjestenine, kuhane i ohlađene
- 1 mango, narezan na kockice
- 1/2 šalice crnog graha, ispranog i ocijeđenog
- 1/4 šalice crvene paprike, narezane na kockice
- 1/4 šalice crvenog luka, sitno nasjeckanog
- 2 žlice svježeg cilantra, nasjeckanog
- 3 žlice soka od limete
- 2 žlice maslinovog ulja
- 1 žličica kumina
- Posolite i popaprite po ukusu

UPUTE:
a) U velikoj zdjeli pomiješajte tjesteninu, mango narezan na kockice, crni grah, crvenu papriku, crveni luk i cilantro.
b) U maloj posudi pomiješajte sok limete, maslinovo ulje, kumin, sol i papar.
c) Prelijte preljev preko smjese tjestenine i miješajte dok se dobro ne prekrije.
d) Stavite u hladnjak na najmanje 1 sat prije posluživanja.

63. Salata od tjestenine od breskve i pršuta

SASTOJCI:
- 2 šalice fusilli tjestenine, kuhane i ohlađene
- 2 breskve, narezane na kriške
- 1/4 šalice pršuta, tanko narezanog
- 1/2 šalice mozzarella kuglica
- 1/4 šalice crvenog luka, sitno nasjeckanog
- 3 žlice glazure od balzama
- 3 žlice maslinovog ulja
- Posolite i popaprite po ukusu

UPUTE:
a) U velikoj zdjeli pomiješajte tjesteninu, narezane breskve, pršut, kuglice mozzarelle i crveni luk.
b) Prelijte glazurom od balsamica i maslinovim uljem.
c) Miješajte dok se dobro ne sjedini.
d) Začinite solju i paprom po ukusu.
e) Stavite u hladnjak na najmanje 1 sat prije posluživanja.

64. Salata s tjesteninom od borovnica i kozjeg sira

SASTOJCI:
- 2 šalice penne tjestenine, kuhane i ohlađene
- 1 šalica borovnica
- 1/2 šalice kozjeg sira, izmrvljenog
- 1/4 šalice badema, narezanih i prepečenih
- 2 žlice meda
- 2 žlice balzamičnog octa
- 3 žlice maslinovog ulja
- Posolite i popaprite po ukusu

UPUTE:
a) U velikoj zdjeli pomiješajte tjesteninu, borovnice, kozji sir i pržene bademe.
b) U maloj zdjeli pomiješajte med, balzamični ocat, maslinovo ulje, sol i papar.
c) Prelijte preljev preko smjese tjestenine i miješajte dok se dobro ne prekrije.
d) Stavite u hladnjak na najmanje 1 sat prije posluživanja.

65. Salata od špinata, graška, malina i spiralne tjestenine

SASTOJCI:

- Spiralna tjestenina od 8 oz (trobojna ili integralna za dodatnu boju i hranjivost)
- 2 šalice svježih listova špinata, opranih i natrganih
- 1 šalica svježeg ili smrznutog graška, blanširanog i ohlađenog
- 1 šalica svježih malina, opranih
- 1/2 šalice feta sira, izmrvljenog
- 1/4 šalice crvenog luka, sitno nasjeckanog
- 1/4 šalice nasjeckanih listova svježe metvice
- 1/4 šalice nasjeckanih listova svježeg bosiljka
- Za **PRELJEV**:
- 1/4 šalice maslinovog ulja
- 2 žlice balzamičnog octa
- 1 žlica Dijon senfa
- 1 žlica meda
- Posolite i popaprite po ukusu

UPUTE:

a) Skuhajte spiralnu tjesteninu prema uputama na pakiranju. Ocijedite i isperite hladnom vodom da se brzo ohladi. Staviti na stranu.

PRIPREMITE PRELJEV :

b) U maloj posudi pomiješajte maslinovo ulje, balzamični ocat, dijon senf, med, sol i papar. Začine prilagodite ukusu.

SASTAVITE SALATU:

c) U velikoj posudi za miješanje pomiješajte kuhanu i ohlađenu spiralnu tjesteninu, natrgane listove špinata, blanširani grašak, maline, izmrvljeni feta sir, nasjeckani crveni luk, metvicu i bosiljak.

d) Dresing prelijte preko sastojaka salate.

e) Lagano promiješajte salatu kako biste bili sigurni da su svi sastojci dobro obloženi preljevom. Paziti da se maline ne zgnječe.

f) Pokrijte zdjelu sa salatom plastičnom folijom i stavite u hladnjak na najmanje 30 minuta kako bi se okusi stopili.

g) Prije posluživanja, salatu konačno lagano promiješajte. Po želji možete ukrasiti dodatnim listićima mente ili malo fete.

66. Salata s tjesteninom od mandarine i badema

SASTOJCI:
- 2 šalice rotini tjestenine, kuhane i ohlađene
- 1 konzerva (11 oz) mandarina, ocijeđena
- 1/2 šalice narezanih badema, tostiranih
- 1/4 šalice zelenog luka, nasjeckanog
- 3 žlice rižinog octa
- 2 žlice soja umaka
- 2 žlice sezamovog ulja
- 1 žlica meda
- Posolite i popaprite po ukusu

UPUTE:
a) U velikoj zdjeli pomiješajte tjesteninu, mandarine, pržene bademe i mladi luk.
b) U maloj posudi pomiješajte rižin ocat, sojin umak, sezamovo ulje, med, sol i papar.
c) Prelijte preljev preko smjese tjestenine i miješajte dok se dobro ne prekrije.
d) Stavite u hladnjak na najmanje 1 sat prije posluživanja.

67. Salata od tjestenine od jakobovih kapica i šparoga

SASTOJCI:
- 2 šalice gemelli tjestenine, kuhane i ohlađene
- Jakobove kapice od 1 lb, pržene
- 1 šalica šparoga, blanširanih i nasjeckanih
- 1/4 šalice sušene rajčice, nasjeckane
- 2 žlice pinjola, prženih
- 1/4 šalice svježeg bosiljka, nasjeckanog
- 3 žlice ekstra djevičanskog maslinovog ulja
- Sok od 1 limuna
- Posolite i popaprite po ukusu

UPUTE:
a) U velikoj zdjeli pomiješajte tjesteninu, pržene jakobove kapice, šparoge, sušene rajčice, pinjole i bosiljak.
b) U maloj zdjeli pomiješajte maslinovo ulje i limunov sok.
c) Prelijte preljev preko smjese tjestenine i miješajte dok se dobro ne sjedini.
d) Začinite solju i paprom po ukusu.
e) Stavite u hladnjak na najmanje 1 sat prije posluživanja.

68.Limun češnjak škampi i Orzo salata

SASTOJCI:
- 2 šalice orzo tjestenine, kuhane i ohlađene
- 1 lb velikih škampa, kuhanih i oguljenih
- 1 šalica cherry rajčica, prepolovljenih
- 1/2 šalice Kalamata maslina, narezanih
- 1/4 šalice crvenog luka, sitno nasjeckanog
- 2 žlice svježeg peršina, nasjeckanog
- Korica i sok od 2 limuna
- 3 žlice ekstra djevičanskog maslinovog ulja
- Posolite i popaprite po ukusu

UPUTE:
a) U velikoj zdjeli pomiješajte orzo tjesteninu, kuhane škampe, cherry rajčice, Kalamata masline, crveni luk i peršin.
b) U maloj posudi pomiješajte limunovu koricu, limunov sok, maslinovo ulje, sol i papar.
c) Prelijte preljev preko smjese tjestenine i miješajte dok se dobro ne prekrije.
d) Stavite u hladnjak na najmanje 1 sat prije posluživanja.

69. Fusilli od češnjaka i gljiva sa salatom od krušaka

SASTOJCI:
- 1 glavica smeđeg luka
- 2 češnja češnjaka
- 1 paket narezanih gljiva
- 1 vrećica češnjaka i začina
- 1 vrećica svijetlog vrhnja za kuhanje
- 1 vrećica pilećeg temeljca u prahu
- 1 paket fusilla (sadrži gluten; može biti prisutan: jaje, soja)
- 1 kruška
- 1 vrećica listova miješane salate
- 1 paketić parmezana
- Maslinovo ulje
- 1,75 šalice kipuće vode
- Malo octa (balzamiko ili bijelog vina)

UPUTE:
a) Zakuhajte kotlić. Smeđi luk i češnjak sitno nasjeckajte. Zagrijte veliki lonac na srednje jakoj vatri s obilatom kapljicom maslinovog ulja. Narezane gljive i luk kuhajte uz povremeno miješanje dok samo ne omekšaju, što traje oko 6-8 minuta. Dodajte češnjak i začin od češnjaka i začinskog bilja i kuhajte dok ne zamiriše oko 1 minutu.
b) Dodajte lagano vrhnje za kuhanje, kipuću vodu (1 3/4 šalice za 2 osobe), temeljac u prahu od piletine i fusille. Promiješajte da se sjedini i zakuhajte. Smanjite vatru na srednju, pokrijte poklopcem i kuhajte uz povremeno miješanje dok tjestenina ne bude 'al dente', što traje oko 11 minuta. Promiješajte naribani parmezan i začinite po ukusu solju i paprom.
c) Dok se tjestenina kuha, narežite krušku na tanke ploške. U srednje veliku zdjelu dodajte malo octa i maslinovog ulja. Prelijte dressing miješanim listovima salate i kruške. Začinite i promiješajte da se sjedini.
d) Podijelite kremaste fusille s gljivama u jednoj posudi u zdjelice. Poslužite uz salatu od krušaka. Uživajte u svom ukusnom obroku!

70. Mediteranska salata od tjestenine s povrćem

SASTOJCI:
- 2 šalice penne tjestenine, kuhane i ohlađene
- 1 šalica cherry rajčica, prepolovljenih
- 1 krastavac, narezan na kockice
- 1/2 šalice Kalamata maslina, narezanih
- 1/4 šalice crvenog luka, sitno nasjeckanog
- 1/2 šalice feta sira, izmrvljenog
- 1/3 šalice ekstra djevičanskog maslinovog ulja
- 2 žlice crvenog vinskog octa
- 1 žličica sušenog origana
- Posolite i popaprite po ukusu

UPUTE:
a) U velikoj zdjeli pomiješajte tjesteninu, cherry rajčice, krastavce, Kalamata masline, crveni luk i feta sir.
b) U maloj zdjeli pomiješajte maslinovo ulje, crveni vinski ocat, sušeni origano, sol i papar.
c) Prelijte preljev preko smjese tjestenine i miješajte dok se dobro ne prekrije.
d) Stavite u hladnjak na najmanje 1 sat prije posluživanja.

71.Pesto vegetarijanska spiralna salata od tjestenine

SASTOJCI:
- 2 šalice spiralne tjestenine, kuhane i ohlađene
- 1 šalica cherry rajčica, prepolovljenih
- 1/2 šalice nasjeckanih srca artičoka
- 1/2 šalice crnih maslina, narezanih
- 1/4 šalice crvenog luka, sitno nasjeckanog
- 1/3 šalice pesto umaka
- 3 žlice ribanog parmezana
- Posolite i popaprite po ukusu

UPUTE:
a) U velikoj zdjeli pomiješajte tjesteninu, cherry rajčice, srca artičoke, crne masline i crveni luk.
b) Dodajte pesto umak i miješajte dok se dobro ne izmiješa.
c) Po salati pospite ribani parmezan.
d) Začinite solju i paprom po ukusu.
e) Stavite u hladnjak na najmanje 1 sat prije posluživanja.

72.Rainbow vegegie salata od tjestenine

SASTOJCI:
- 2 šalice leptir tjestenine, kuhane i ohlađene
- 1 šalica cvjetića brokule, blanširane
- 1 šalica paprike (raznih boja), narezane na kockice
- 1/2 šalice cherry rajčica, prepolovljenih
- 1/4 šalice crvenog luka, sitno nasjeckanog
- 1/3 šalice talijanskog preljeva
- Svježi bosiljak za ukras
- Posolite i popaprite po ukusu

UPUTE:
a) U velikoj zdjeli pomiješajte tjesteninu, cvjetiće brokule, paprike, cherry rajčice i crveni luk.
b) Dodajte talijanski preljev i miješajte dok se dobro ne prekrije.
c) Ukrasite svježim bosiljkom.
d) Začinite solju i paprom po ukusu.
e) Stavite u hladnjak na najmanje 1 sat prije posluživanja.

73.Azijska salata s rezancima od povrća i sezama

SASTOJCI:
- 2 šalice soba rezanaca, kuhanih i ohlađenih
- 1 šalica blanširanog i narezanog graška
- 1 šalica nasjeckane mrkve
- 1/2 šalice crvene paprike, tanko narezane
- 1/4 šalice zelenog luka, nasjeckanog
- 2 žlice sjemenki sezama, prženih
- 1/3 šalice soja umaka
- 2 žlice rižinog octa
- 1 žlica sezamovog ulja
- 1 žlica meda

UPUTE:
a) U velikoj zdjeli pomiješajte soba rezance, grašak, nasjeckanu mrkvu, crvenu papriku, mladi luk i sjemenke sezama.
b) U maloj posudi pomiješajte sojin umak, rižin ocat, sezamovo ulje i med.
c) Prelijte preljev preko smjese rezanaca i miješajte dok se dobro ne prekrije.
d) Stavite u hladnjak na najmanje 1 sat prije posluživanja.

74. Grčka orzo salata od povrća

SASTOJCI:
- 2 šalice orzo tjestenine, kuhane i ohlađene
- 1 šalica krastavca, narezanog na kockice
- 1 šalica cherry rajčica, prepolovljenih
- 1/2 šalice Kalamata maslina, narezanih
- 1/4 šalice crvenog luka, sitno nasjeckanog
- 1/2 šalice feta sira, izmrvljenog
- 3 žlice grčkog preljeva
- Svježi origano za ukras
- Posolite i popaprite po ukusu

UPUTE:
a) U velikoj zdjeli pomiješajte orzo tjesteninu, krastavce, cherry rajčice, masline Kalamata, crveni luk i feta sir.
b) Dodajte grčki preljev i miješajte dok se dobro ne izmiješa.
c) Ukrasite svježim origanom.
d) Začinite solju i paprom po ukusu.
e) Stavite u hladnjak na najmanje 1 sat prije posluživanja.

75.Salata od pečenog povrća i tjestenine od slanutka

SASTOJCI:
- 2 šalice fusilli tjestenine, kuhane i ohlađene
- 1 šalica cherry rajčica, prepolovljenih
- 1 šalica tikvica, narezanih na kockice
- 1 šalica paprike (raznih boja), narezane na kockice
- 1/2 šalice crvenog luka, sitno nasjeckanog
- 1 konzerva (15 oz) slanutka, ocijeđena i isprana
- 3 žlice balzamičnog vinaigreta
- 3 žlice maslinovog ulja
- 2 žlice svježeg bosiljka, nasjeckanog
- Posolite i popaprite po ukusu

UPUTE:
a) U velikoj zdjeli pomiješajte tjesteninu, cherry rajčice, tikvice, papriku, crveni luk i slanutak.
b) U maloj posudi pomiješajte balzamični vinaigrette, maslinovo ulje, bosiljak, sol i papar.
c) Prelijte preljev preko smjese tjestenine i miješajte dok se dobro ne prekrije.
d) Stavite u hladnjak na najmanje 1 sat prije posluživanja.

76. Hladna salata od špinata i artičoke

SASTOJCI:
- 2 šalice rotini tjestenine, kuhane i ohlađene
- 1 šalica mladog lišća špinata
- 1 šalica nasjeckanih srca artičoka
- 1/2 šalice cherry rajčica, prepolovljenih
- 1/4 šalice crvenog luka, sitno nasjeckanog
- 1/3 šalice grčkog jogurta
- 2 žlice majoneze
- 2 žlice ribanog parmezana
- 1 žlica soka od limuna
- Posolite i popaprite po ukusu

UPUTE:
a) U velikoj zdjeli pomiješajte tjesteninu, mladi špinat, srca artičoke, cherry rajčice i crveni luk.
b) U maloj posudi pomiješajte grčki jogurt, majonezu, parmezan, limunov sok, sol i papar.
c) Prelijte preljev preko smjese tjestenine i miješajte dok se dobro ne prekrije.
d) Stavite u hladnjak na najmanje 1 sat prije posluživanja.

77. Tajlandska salata s rezancima od kikirikija i povrća

SASTOJCI:

- 2 šalice rižinih rezanaca, kuhanih i ohlađenih
- 1 šalica cvjetića brokule, blanširane
- 1 šalica nasjeckane mrkve
- 1/2 šalice crvene paprike, tanko narezane
- 1/4 šalice zelenog luka, nasjeckanog
- 1/4 šalice nasjeckanog kikirikija
- 1/3 šalice umaka od kikirikija
- 2 žlice soja umaka
- 1 žlica soka od limete
- 1 žlica meda

UPUTE:

a) U velikoj zdjeli pomiješajte rižine rezance, cvjetove brokule, nasjeckanu mrkvu, crvenu papriku, zeleni luk i kikiriki.
b) U maloj posudi pomiješajte umak od kikirikija, soja umak, sok limete i med.
c) Prelijte preljev preko smjese rezanaca i miješajte dok se dobro ne prekrije.
d) Stavite u hladnjak na najmanje 1 sat prije posluživanja.

78. Cezar vegetarijanska salata od tjestenine

SASTOJCI:
- 2 šalice leptir tjestenine, kuhane i ohlađene
- 1 šalica cherry rajčica, prepolovljenih
- 1 šalica krastavca, narezanog na kockice
- 1/2 šalice crnih maslina, narezanih
- 1/4 šalice crvenog luka, sitno nasjeckanog
- 1/4 šalice ribanog parmezana
- 1/4 šalice krutona, zdrobljenih
- 1/2 šalice Cezar preljeva
- Svježi peršin za ukras
- Posolite i popaprite po ukusu

UPUTE:
a) U velikoj zdjeli pomiješajte tjesteninu, cherry rajčice, krastavce, crne masline, crveni luk, parmezan i zdrobljene krutone.
b) Dodajte Cezar preljev i miješajte dok se dobro ne izmiješa.
c) Ukrasite svježim peršinom.
d) Stavite u hladnjak na najmanje 1 sat prije posluživanja.

79. Salata od tjestenine s jastogom i mangom

SASTOJCI:
- 2 šalice penne tjestenine, kuhane i ohlađene
- 1 lb mesa jastoga, kuhanog i nasjeckanog
- 1 mango, narezan na kockice
- 1/2 šalice krastavca, narezanog na kockice
- 1/4 šalice crvenog luka, sitno nasjeckanog
- 1/4 šalice svježe metvice, nasjeckane
- Sok od 2 limete
- 3 žlice ekstra djevičanskog maslinovog ulja
- Posolite i popaprite po ukusu

UPUTE:
a) U velikoj zdjeli pomiješajte tjesteninu, meso jastoga, mango, krastavac, crveni luk i mentu.
b) U maloj posudi pomiješajte sok limete, maslinovo ulje, sol i papar.
c) Prelijte preljev preko smjese tjestenine i miješajte dok se dobro ne sjedini.
d) Stavite u hladnjak na najmanje 1 sat prije posluživanja.

80. Mediteranska Tzatziki salata od tjestenine sa škampima

SASTOJCI:
- 2 šalice fusilli tjestenine, kuhane i ohlađene
- 1 lb kuhanih škampa, oguljenih i očišćenih
- 1 šalica cherry rajčica, prepolovljenih
- 1/2 šalice krastavca, narezanog na kockice
- 1/4 šalice crvenog luka, sitno nasjeckanog
- 1/3 šalice Kalamata maslina, narezanih
- 1/2 šalice izmrvljenog feta sira
- 1/2 šalice tzatziki umaka
- Svježi kopar za ukras
- Posolite i popaprite po ukusu

UPUTE:
a) U velikoj zdjeli pomiješajte tjesteninu, kuhane škampe, cherry rajčice, krastavac, crveni luk, masline i feta sir.
b) Dodajte tzatziki umak i miješajte dok se dobro ne izmiješa.
c) Začinite solju i paprom po ukusu.
d) Ukrasite svježim koprom.
e) Stavite u hladnjak na najmanje 1 sat prije posluživanja.

81.Salata od tjestenine sa kozicama i cherry rajčicama

SASTOJCI:

- ¾ kilograma škampi, kuhani dok ne porumene, oko 2 minute, i ocijeđeni
- 12 unci rotini tjestenine

POVRĆE
- 1 tikvica, nasjeckana
- 2 žute paprike narezane na četvrtine
- 10 grožđanih rajčica, prepolovljenih
- ½ žličice soli
- ½ bijelog luka narezanog na tanke ploške
- ¼ šalice crnih maslina, narezanih
- 2 šalice mladog špinata

KREMASTI UMAK
- 4 žlice neslanog maslaca
- 4 žlice višenamjenskog brašna
- ½ žličice soli
- 1 žličica češnjaka u prahu
- 1 žličica luka u prahu
- 4 žlice prehrambenog kvasca
- 2 šalice mlijeka
- 2 žlice soka od limuna

ZA POSLUŽIVANJE
- Crni papar

UPUTE
TJESTENINA:
a) Pripremite tjesteninu al dente prema uputama na kutiji.
b) Ocijedite, a zatim stavite na stranu.

POVRĆE:
c) Stavite tavu na umjerenu vatru i dodajte malo ulja.
d) Uz povremeno miješanje kuhajte tikvice, papriku, luk i sol 8 minuta.
e) Dodajte rajčice i kuhajte još 3 minute, ili dok povrće ne omekša.
f) Dodajte špinat i kuhajte oko 3 minute ili dok ne uvene.

KREMASTI UMAK:
g) U loncu na umjerenoj vatri otopite maslac.

h) Dodajte brašno i lagano promiješajte da dobijete glatku smjesu.
i) Dodati mlijeko i opet umutiti.
j) Umiješajte preostale sastojke za umak i pirjajte oko 5 minuta.

ZA SASTAVLJANJE:
k) Pomiješajte kuhane škampe, kuhanu tjesteninu, povrće, crne masline i kremasti umak u zdjelu za posluživanje.
l) Ukrasite posipom mljevenog crnog papra.

82.Salata od orašaste tune i tjestenine

SASTOJCI:
- 1 glavica brokule, odvojena na cvjetiće
- 8 velikih crnih maslina, narezanih
- 1 lb penne tjestenine
- 1/2 šalice komadića oraha, prženih
- 1 lb odrezaka svježe tune
- 4 češnja češnjaka, nasjeckana
- 1/4 šalice vode
- 2 žlice nasjeckanog svježeg peršina
- 2 žlice svježeg soka od limuna
- 4 fileta inćuna, opranih
- 1/4 šalice bijelog vina
- 3/4 šalice maslinovog ulja
- 4 srednje rajčice, narezane na četvrtine
- 1 lb sira mozzarella, narezanog na kockice

UPUTE:
a) Skuhajte tjesteninu prema uputama na pakiranju.
b) Zakuhajte posoljenu vodu. U njemu kuhajte brokulu 5 minuta. Izvadite ga iz vode i stavite sa strane.
c) Stavite veliku tavu na srednje jaku vatru. Umiješajte tunjevinu u vodi, bijelom vinu i limunovom soku. stavite ih na poklopac i kuhajte ih dok losos ne bude gotov oko 8 do 12 minuta.
d) Panirajte filete lososa na komade.
e) Uzmite veliku zdjelu za miješanje: u nju ubacite kuhanu ribu od lososa s brokulom, penne, ribom, rajčicama, sirom, maslinama, orasima, češnjakom i peršinom. Dobro ih izmiješajte.
f) Stavite veliku tavu na srednje jaku vatru. Zagrijte ulje u njemu. Inćune narežite na male komadiće. Pecite ih u zagrijanoj tavi dok se ne otope u ulju.
g) Umiješajte smjesu u salatu od tjestenine i dobro ih promiješajte. Poslužite svoju salatu od tjestenine odmah.

83.Pileći meksici & farfalle salata

SASTOJCI:
- 6 jaja
- 3 zelena luka, tanko narezana
- 1 (16 oz.) paket farfalle (leptir mašne) tjestenine
- 1/2 crvenog luka nasjeckanog
- 1/2 (16 oz.) boce preljeva za salatu u talijanskom stilu
- 6 pilećih mekica
- 1 krastavac, narezan na ploške
- 4 srca romanske salate, tanko narezana
- 1 vezica rotkvica, obrezana i narezana
- 2 mrkve oguljene i narezane na ploške

UPUTE:
a) Stavite jaja u veliki lonac i prelijte ih vodom. Kuhajte jaja na srednjoj vatri dok ne počnu ključati.
b) Ugasite vatru i ostavite jaja 16 minuta. Jaja isperite s malo hladne vode kako bi izgubila toplinu.
c) Ogulite jaja i narežite ih na ploške pa ih stavite sa strane.
d) Stavite pileće meke u veliki lonac. Prelijte ih s 1/4 šalice vode. Kuhajte ih na srednjoj vatri dok piletina ne bude gotova.
e) Ocijedite pileće meke i narežite ih na male komadiće.
f) Uzmite veliku zdjelu za miješanje: u nju ubacite tjesteninu, piletinu, jaja, krastavce, rotkvice, mrkvu, zeleni luk i crveni luk. Dodajte talijanski preljev i ponovno ih promiješajte.
g) Stavite salatu u hladnjak na 1 sat i 15 minuta.
h) U tanjure za posluživanje stavite srca zelene salate. Među njima podijelite salatu. Poslužite ih odmah.
i) Uživati.

84.Kremasta Penn salata od tjestenine

SASTOJCI:
- 1 (16 oz.) kutija mini penne tjestenine
- 1/3 šalice nasjeckanog crvenog luka
- 1 1/2 lb nasjeckane kuhane piletine
- 1/2 (8 oz.) boce kremastog preljeva za salatu Cezar
- 1/2 šalice zelene paprike narezane na kockice
- 2 tvrdo kuhana jaja, nasjeckana
- 1/3 šalice ribanog parmezana

UPUTE:
a) Skuhajte tjesteninu prema uputama na pakiranju.
b) Uzmite veliku zdjelu za miješanje: u nju ubacite tjesteninu, piletinu, zelenu papriku, jaja, parmezan i crveni luk.
c) Dodajte preljev i dobro ih promiješajte. Pokrijte zdjelu i stavite je u hladnjak na 2 h 15
d) minuta. Začinite salatu i poslužite je.
e) Uživati.

85. Salata od fete i pečene puretine

SASTOJCI:

- 1 1/2 šalica maslinovog ulja
- 3 šalice kuhane penne tjestenine
- 1/2 šalice crvenog vinskog octa
- 1 pola litre grožđanih rajčica, prepolovljenih
- 1 žlica nasjeckanog svježeg češnjaka
- 8 oz. izmrvljeni feta sir
- 2 žličice suhih listova origana
- 1 (5 oz.) paket mješavine proljetne zelene salate
- 3 šalice pečenih purećih prsa u pećnici, narezanih na deblje i kockice
- 1/2 šalice nasjeckanog talijanskog peršina
- 1/2 šalice tanko narezanog crvenog luka
- 1 (16 oz.) staklenka Kalamata maslina bez koštica, ocijeđenih, nasjeckanih

UPUTE:

a) Uzmite malu zdjelu za miješanje: u njoj pomiješajte maslinovo ulje, ocat, češnjak i origano. Dobro ih izmiješajte da napravite vinaigrette.
b) Uzmite veliku zdjelu za miješanje: u nju ubacite ostatak sastojaka. Dodajte preljev i ponovno ih promiješajte. Prilagodite začine salate i poslužite je.
c) Uživati.

86.Orašasta pileća salata od tjestenine

SASTOJCI:
- 6 kriški slanine
- 1 (6 oz.) staklenka mariniranih srca artičoka, ocijeđenih 10 listova šparoga, krajevi podrezani i grubo nasjeckani
- 1/2 (16 oz.) pakiranja rotinija, lakta ili pennea 1 kuhana pileća prsa, kockice tjestenine
- 1/4 šalice suhih brusnica
- 3 žlice malomasne majoneze
- 1/4 šalice prženih narezanih badema
- 3 žlice balzamičnog vinaigrette preljeva za salatu
- sol i papar po ukusu
- 2 žličice soka od limuna
- 1 žličica Worcestershire umaka

UPUTE:
a) Stavite veliku tavu na srednje jaku vatru. U njemu kuhajte slaninu dok ne postane hrskava. Uklonite ga od viška masnoće. Izmrvite ga i stavite sa strane.
b) Skuhajte tjesteninu prema uputama na pakiranju.
c) Uzmite malu zdjelu za miješanje: u njoj pomiješajte majonezu, balzamični vinaigrette, limunov sok i Worcestershire umak. Dobro ih izmiješajte.
d) Uzmite veliku zdjelu za miješanje: u nju ubacite tjesteninu s preljevom. Dodajte artičoke, piletinu, brusnice, bademe, izmrvljenu slaninu i šparoge, prstohvat soli i papra.
e) Dobro ih promiješajte. Ohladite salatu u hladnjaku 1 h 10 min pa je poslužite.
f) Uživati.

87. Pileća Cezar salata od tjestenine

SASTOJCI:
- 2 šalice rotini tjestenine, kuhane i ohlađene
- 1 lb pilećih prsa na žaru, narezanih
- 1 šalica cherry rajčica, prepolovljenih
- 1/2 šalice crnih maslina, narezanih
- 1/4 šalice ribanog parmezana
- 1/4 šalice krutona
- 1/2 šalice Cezar preljeva
- Svježi peršin za ukras
- Posolite i popaprite po ukusu

UPUTE:
a) U velikoj zdjeli pomiješajte tjesteninu, piletinu na žaru, cherry rajčice, crne masline, parmezan i krutone.
b) Dodajte Cezar preljev i miješajte dok se dobro ne izmiješa.
c) Ukrasite svježim peršinom.
d) Stavite u hladnjak na najmanje 1 sat prije posluživanja.

88.Salata od tjestenine s puretinom i brusnicama

SASTOJCI:
- 2 šalice fusilli tjestenine, kuhane i ohlađene
- 1 lb kuhanih purećih prsa, narezanih na kockice
- 1/2 šalice suhih brusnica
- 1/4 šalice crvenog luka, sitno nasjeckanog
- 1/2 šalice celera, sitno nasjeckanog
- 1/4 šalice pekan oraha, nasjeckanih
- 1/2 šalice majoneze
- 2 žlice Dijon senfa
- Posolite i popaprite po ukusu

UPUTE:
a) U velikoj zdjeli pomiješajte tjesteninu, puretinu narezanu na kockice, sušene brusnice, crveni luk, celer i pekan orahe.
b) U maloj posudi pomiješajte majonezu, dijon senf, sol i papar.
c) Prelijte preljev preko smjese tjestenine i miješajte dok se dobro ne prekrije.
d) Stavite u hladnjak na najmanje 1 sat prije posluživanja.

89. Salata od tjestenine s piletinom na žaru i limunskim biljem

SASTOJCI:
- 2 šalice penne tjestenine, kuhane i ohlađene
- 1 lb pilećih prsa na žaru, narezanih
- 1 šalica cherry rajčica, prepolovljenih
- 1/2 šalice krastavca, narezanog na kockice
- 1/4 šalice crvenog luka, sitno nasjeckanog
- 1/4 šalice feta sira, izmrvljenog
- 2 žlice svježeg peršina, nasjeckanog
- Sok od 2 limuna
- 3 žlice ekstra djevičanskog maslinovog ulja
- Posolite i popaprite po ukusu

UPUTE:
a) U velikoj zdjeli pomiješajte tjesteninu, grilovanu piletinu, cherry rajčice, krastavac, crveni luk, feta sir i peršin.
b) U maloj posudi pomiješajte sok od limuna, maslinovo ulje, sol i papar.
c) Prelijte preljev preko smjese tjestenine i miješajte dok se dobro ne prekrije.
d) Stavite u hladnjak na najmanje 1 sat prije posluživanja.

90.Ranch salata od tjestenine s piletinom i slaninom

SASTOJCI:
- 2 šalice leptir tjestenine, kuhane i ohlađene
- 1 lb pilećih prsa na žaru, narezanih na kockice
- 1/2 šalice cherry rajčica, prepolovljenih
- 1/4 šalice crvenog luka, sitno nasjeckanog
- 1/2 šalice slanine, kuhane i izmrvljene
- 1/4 šalice nasjeckanog sira cheddar
- 1/2 šalice ranč preljeva
- Vlasac za ukras
- Posolite i popaprite po ukusu

UPUTE:
a) U velikoj zdjeli pomiješajte tjesteninu, grilanu piletinu narezanu na kockice, cherry rajčice, crveni luk, slaninu i nasjeckani cheddar sir.
b) Dodajte ranč preljev i miješajte dok se dobro ne izmiješa.
c) Ukrasite vlascem.
d) Stavite u hladnjak na najmanje 1 sat prije posluživanja.

91.Curry salata od tjestenine s piletinom i mangom

SASTOJCI:
- 2 šalice velike spiralne tjestenine ili farfalle tjestenine, kuhane i ohlađene
- 1 lb kuhanih pilećih prsa, nasjeckanih
- 1 mango, narezan na kockice
- 1/2 šalice crvene paprike, narezane na kockice
- 1/4 šalice crvenog luka, sitno nasjeckanog
- 1/4 šalice grožđica
- 1/4 šalice nasjeckanih indijskih oraščića
- 1/2 šalice majoneze
- 1 žlica curry praha
- Posolite i popaprite po ukusu

UPUTE:
a) U velikoj zdjeli pomiješajte tjesteninu, narezanu piletinu, mango, crvenu papriku, crveni luk, grožđice i indijske oraščiće.
b) U maloj posudi pomiješajte majonezu i curry prah.
c) Prelijte preljev preko smjese tjestenine i miješajte dok se dobro ne prekrije.
d) Začinite solju i paprom po ukusu.
e) Stavite u hladnjak na najmanje 1 sat prije posluživanja.

92.Grčka piletina i Orzo salata

SASTOJCI:
- 2 šalice orzo tjestenine, kuhane i ohlađene
- 1 lb pilećih prsa na žaru, narezanih na kockice
- 1 šalica cherry rajčica, prepolovljenih
- 1/2 šalice krastavca, narezanog na kockice
- 1/4 šalice crvenog luka, sitno nasjeckanog
- 1/3 šalice Kalamata maslina, narezanih
- 1/2 šalice izmrvljenog feta sira
- 1/4 šalice svježeg peršina, nasjeckanog
- 3 žlice grčkog preljeva
- Posolite i popaprite po ukusu

UPUTE:
a) U velikoj zdjeli pomiješajte orzo tjesteninu, grilanu piletinu, cherry rajčice, krastavac, crveni luk, Kalamata masline, feta sir i peršin.
b) Dodajte grčki preljev i miješajte dok se dobro ne izmiješa.
c) Začinite solju i paprom po ukusu.
d) Stavite u hladnjak na najmanje 1 sat prije posluživanja.

93.Salata s tjesteninom od piletine i crnog graha

SASTOJCI:
- 2 šalice rotini tjestenine, kuhane i ohlađene
- 1 lb pilećih prsa na žaru, narezanih
- 1 limenka (15 oz) crnog graha, ispranog i ocijeđenog
- 1 šalica kukuruznih zrna, kuhanih (svježih ili smrznutih)
- 1/2 šalice crvene paprike, narezane na kockice
- 1/4 šalice crvenog luka, sitno nasjeckanog
- 1/4 šalice svježeg cilantra, nasjeckanog
- Sok od 2 limete
- 3 žlice maslinovog ulja
- 1 žličica kumina
- Posolite i popaprite po ukusu

UPUTE:
a) U velikoj zdjeli pomiješajte tjesteninu, piletinu na žaru, crni grah, kukuruz, crvenu papriku, crveni luk i cilantro.
b) U maloj posudi pomiješajte sok limete, maslinovo ulje, kumin, sol i papar.
c) Prelijte preljev preko smjese tjestenine i miješajte dok se dobro ne sjedini.
d) Stavite u hladnjak na najmanje 1 sat prije posluživanja.

94. Mango curry pileća salata od tjestenine

SASTOJCI:
- 2 šalice penne tjestenine, kuhane i ohlađene
- 1 lb kuhanih pilećih prsa, nasjeckanih
- 1 mango, narezan na kockice
- 1/2 šalice crvene paprike, narezane na kockice
- 1/4 šalice crvenog luka, sitno nasjeckanog
- 1/4 šalice zlatnih grožđica
- 1/4 šalice nasjeckanih indijskih oraščića
- 1/2 šalice majoneze
- 1 žlica curry praha
- Posolite i popaprite po ukusu

UPUTE:
a) U velikoj zdjeli pomiješajte tjesteninu, narezanu piletinu, mango, crvenu papriku, crveni luk, grožđice i indijske oraščiće.
b) U maloj posudi pomiješajte majonezu i curry prah.
c) Prelijte preljev preko smjese tjestenine i miješajte dok se dobro ne prekrije.
d) Začinite solju i paprom po ukusu.
e) Stavite u hladnjak na najmanje 1 sat prije posluživanja.

95. Caprese salata od tjestenine s piletinom i pestom

SASTOJCI:
- 2 šalice farfalle tjestenine, kuhane i ohlađene
- 1 lb pilećih prsa na žaru, narezanih
- 1 šalica cherry rajčica, prepolovljenih
- 1/2 šalice svježih kuglica mozzarelle
- 1/4 šalice svježeg bosiljka, nasjeckanog
- 2 žlice pinjola, prženih
- 1/3 šalice pesta od bosiljka
- 3 žlice glazure od balzama
- Posolite i popaprite po ukusu

UPUTE:
a) U velikoj zdjeli pomiješajte tjesteninu, piletinu na žaru, cherry rajčice, kuglice mozzarelle, bosiljak i pinjole.
b) Dodajte pesto od bosiljka i miješajte dok se dobro ne prekrije.
c) Prelijte glazurom od balzama i začinite solju i paprom po ukusu.
d) Stavite u hladnjak na najmanje 1 sat prije posluživanja.

96. Azijska salata s pilećim rezancima i sezamom

SASTOJCI:
- 2 šalice soba rezanaca, kuhanih i ohlađenih
- 1 lb pilećih prsa na žaru, nasjeckanih
- 1 šalica nasjeckanog kupusa
- 1/2 šalice nasjeckane mrkve
- 1/4 šalice crvene paprike, tanko narezane
- 1/4 šalice zelenog luka, nasjeckanog
- 2 žlice sjemenki sezama, prženih
- 1/3 šalice soja umaka
- 2 žlice sezamovog ulja
- 1 žlica rižinog octa
- 1 žlica meda

UPUTE:
a) U velikoj zdjeli pomiješajte soba rezance, narezanu piletinu, kupus, mrkvu, crvenu papriku, mladi luk i sjemenke sezama.
b) U maloj posudi pomiješajte sojin umak, sezamovo ulje, rižin ocat i med.
c) Prelijte preljev preko smjese rezanaca i miješajte dok se dobro ne prekrije.
d) Stavite u hladnjak na najmanje 1 sat prije posluživanja.

97.Salata od puretine i tjestenine sa začinskim biljem i šparogama

SASTOJCI:
- 2 šalice fusilli tjestenine, kuhane i ohlađene
- 1 lb kuhanih purećih prsa, narezanih na kockice
- 1 šalica šparoga, blanširanih i nasjeckanih
- 1/2 šalice cherry rajčica, prepolovljenih
- 1/4 šalice crvenog luka, sitno nasjeckanog
- 1/4 šalice feta sira, izmrvljenog
- Korica i sok od 2 limuna
- 3 žlice ekstra djevičanskog maslinovog ulja
- 2 žlice svježeg peršina, nasjeckanog
- Posolite i popaprite po ukusu

UPUTE:
a) U velikoj zdjeli pomiješajte tjesteninu, puretinu narezanu na kockice, šparoge, cherry rajčice, crveni luk i feta sir.
b) U maloj posudi pomiješajte limunovu koricu, limunov sok, maslinovo ulje, sol i papar.
c) Prelijte preljev preko smjese tjestenine i miješajte dok se dobro ne prekrije.
d) Ukrasite svježim peršinom.
e) Stavite u hladnjak na najmanje 1 sat prije posluživanja.

98.Salata od tjestenine s pestom od piletine i brokule

SASTOJCI:

- 2 šalice penne tjestenine, kuhane i ohlađene
- 1 lb pilećih prsa na žaru, narezanih
- 1 šalica cvjetića brokule, blanširane
- 1/4 šalice sušene rajčice, nasjeckane
- 1/4 šalice pinjola, prženih
- 1/2 šalice parmezana, naribanog
- 1/3 šalice pesta od bosiljka
- 3 žlice ekstra djevičanskog maslinovog ulja
- Posolite i popaprite po ukusu

UPUTE:

a) U velikoj zdjeli pomiješajte tjesteninu, piletinu na žaru, brokulu, sušene rajčice, pinjole i parmezan.
b) Dodajte pesto od bosiljka i maslinovo ulje, miješajući dok se dobro ne sjedini.
c) Začinite solju i paprom po ukusu.
d) Stavite u hladnjak na najmanje 1 sat prije posluživanja.

99. Salata od tjestenine s piletinom Buffalo

SASTOJCI:

- 2 šalice rotini tjestenine, kuhane i ohlađene
- 1 lb kuhanih pilećih prsa, nasjeckanih
- 1/2 šalice celera, sitno nasjeckanog
- 1/4 šalice crvenog luka, sitno nasjeckanog
- 1/4 šalice mrvljenog plavog sira
- 1/3 šalice bivoljeg umaka
- 1/4 šalice ranč preljeva
- Svježi vlasac za ukras
- Posolite i popaprite po ukusu

UPUTE:

a) U velikoj zdjeli pomiješajte tjesteninu, narezanu piletinu, celer, crveni luk i mrvice od plavog sira.
b) U maloj posudi pomiješajte bivolji umak i ranč preljev.
c) Prelijte preljev preko smjese tjestenine i miješajte dok se dobro ne prekrije.
d) Ukrasite svježim vlascem.
e) Stavite u hladnjak na najmanje 1 sat prije posluživanja.

100. Salata od tjestenine s piletinom od brusnica i oraha

SASTOJCI:
- 2 šalice farfalle tjestenine, kuhane i ohlađene
- 1 lb kuhanih pilećih prsa, narezanih na kockice
- 1/2 šalice suhih brusnica
- 1/4 šalice nasjeckanih i prženih oraha
- 1/2 šalice celera, sitno nasjeckanog
- 1/4 šalice crvenog luka, sitno nasjeckanog
- 1/2 šalice majoneze
- 2 žlice Dijon senfa
- Posolite i popaprite po ukusu

UPUTE:
a) U velikoj zdjeli pomiješajte tjesteninu, piletinu narezanu na kockice, sušene brusnice, orahe, celer i crveni luk.
b) U maloj posudi pomiješajte majonezu, dijon senf, sol i papar.
c) Prelijte preljev preko smjese tjestenine i miješajte dok se dobro ne prekrije.
d) Stavite u hladnjak na najmanje 1 sat prije posluživanja.

ZAKLJUČAK

Dok se približavamo kraju "KUHARICA ANTIPASTO RUČNE IZRADE SALATE", nadamo se da ste uživali istražujući raznolik niz inspiracija za salate od tjestenine s obala Italije, Grčke i šire. Od klasičnih favorita poput salate Caprese i grčke salate do inventivnih kreacija s neočekivanim kombinacijama okusa i inovativnim sastojcima, ovi recepti nude primamljiv pogled na bogatu kulinarsku tradiciju Mediterana.

Potičemo vas da eksperimentirate s različitim sastojcima, teksturama i okusima kako biste kreirali vlastite prepoznatljive salate od predjela koje odražavaju vaš osobni ukus i stil. Uostalom, ljepota mediteranske kuhinje leži u njenoj jednostavnosti, svestranosti i naglasku na svježim, sezonskim namirnicama.

Hvala vam što ste nam se pridružili na ovom ukusnom putovanju. Neka vaša kuhinja bude ispunjena mirisom maslinovog ulja, češnjaka i začinskog bilja, a svaki zalogaj salate od predjela odnese vas na osunčanu terasu s pogledom na Sredozemno more. Dobar tek!